질병과 가장 가까운 사이가 되었을 때

질병과 가장 가까운
사이가 되었을 때

우연히 암에 걸린 후
알게 된 것들

송주연 지음

날

저자의 말:

암은 과연 삶의 끝일까

"이번엔 어떤 책이야?"

암 수술을 받은 후, 내가 책을 쓰고 있다는 걸 알게 된 친구들은 종종 이렇게 물어오곤 했다. 그때마다 나는 이 책을 설명하려고 했는데, 이상하게도 한마디로 표현하는 게 힘이 들었다.

"여성, 돌봄, 질병에 관한 책이야"라고 했다가 뭔가 더 설명이 필요할 것 같아 살을 붙여보지만, 마음에 들게 요약되질 않았다. 그래서 언제부턴가 그냥 "암 수술받고 여러 가지 느낀 것에 대한 책이야"라고 둘러대곤 했다.

그러면서 고민이 시작됐다. 한 줄로 설명하지도 못하는데 과연 내가 책을 잘 써가고 있는 걸까? 하지만, 막상 노트북 앞에 앉으면 쏟아내고 싶은 이야기들이 자꾸만 차올랐다. 그렇게 한 장씩 완성한 후, 글을 다듬기 위해 다시 읽어볼 때는 내가 조금 수다스러워졌다는 느낌이 들기도 했다.

나는 이런 나의 글에서 '정확하게 이해받고 싶어 하는'

내담자들의 모습을 보았다. 상담실을 찾는 내담자 중에는 유독 하고 싶은 말이 많은 분들이 있다. 이런 분들은 자신의 경험이나 마음을 설명하기 위해 주변 상황을 자세하게 묘사하고, 상담자인 내가 잘 이해했는지 여러 번 확인하곤 한다. 이들의 내면엔 '있는 그대로 정확하게 이해받고 싶은 마음'이 깔려 있다. 존중받아본 경험이 별로 없기에, 상담자인 나에게만이라도 정확하게 이해받고 싶어 애쓰는 것이다.

나도 비슷했던 것 같다. 유방암 진단과 치료 과정에서 겪었던 일들은 생소했고, 나의 세상은 달라졌다. 암을 진단받은 후, 어딘가 '낙인' 찍힌 느낌을 지울 수 없었다. 나 스스로가 그랬고, 다른 이들이 바라보는 시선도 그렇게 느껴졌다. '건강하세요'라는 말이 일상적인 인사말로 통용되는 사회에서 주고받는 말들과 관계들이 불편했고, 주로 '돌보는 자'의 자리에 있던 여성으로서 '돌봄받는 자'가 된 경험도 낯설었다. '돌봄의 젠더 불평등'이 피부로 다가왔고,

내가 의존적인 존재가 된 것도 싫었다.

동시에 이런 불편한 감정들에 저항하고픈 마음이 올라왔다. 아픈 사람을 있는 그대로 보아주지 못하는 사회가, 여전히 불평등한 돌봄이, 의존하고 돌봄받는 걸 부끄러워하는 마음이 어딘가 잘못됐다는 느낌이 강하게 들었다.

나는 이런 모순적인 마음을 스스로 이해하고, 또한 존중받고 싶었다. 하지만, 이런 경험을 명료하게 표현할 언어를 찾기는 쉽지 않았다. 그래서 보다 많은 말이 필요했던 것 같다. 마치 '있는 그대로' 존중받지 못한 내담자들이 자신을 장황하게 설명하듯 말이다. 그리고 책을 완성해가면서 깨달았다. 이는 바로 우리 사회가 '건강 중심'으로 기울어져 있기 때문임을 말이다.

사람은 태어나는 순간 누구나 죽음을 향해 가고, 그 과정에서 노화와 질병을 필연적으로 겪어낸다. 하지만 '죽음'을 떠올리기만 해도 불안해지는 우리는, '건강을 최우선'으로 하고 살아가면 노화와 질병을 피해 갈 수 있을 것이라 생각한다. 죽음, 질병, 노화를 연상시키는 이야기를 최대한 멀리하고, 이것들이 삶에 들어오면 절대로 안 될 것처럼 방어하면서 말이다. 이런 마음이 지배하는 사회에서 죽음과 노화, 질병과 관련된 언어들은 부족하기 마련이다. 이 책을 쓰는 일은 터부시되어온 질병에 대한 언어를 찾아가는 과정이기도 했다.

하지만, 갑작스럽게 유방암 환자가 된 나는 안다. 죽음과 죽음으로 이어지는 노화와 질병은 누구에게나 언제든 찾아올 수 있음을, 불안하다고 외면하고 열심히 건강 관리를 한다고 피해 갈 수 있는 것이 아님을 말이다. 그리고 이를 수용하면서 앞으로 나아가기 위해서는 돌보고 의존하는 것의 가치를 더 이상 폄하해서는 안 된다는 것도 몸소 체험했다. 생명의 취약함을 받아들이고, 서로 의존하며 보살피며 살아가는 것만이 삶을 더 진실하게 한다는 것도 이제는 안다.

암 환자가 되기 전엔 나 역시 암에 걸리면 모든 것이 '끝'

일 것이라 상상하고는, 이런 생각이 잠깐이라도 스치면 얼른 털어내곤 했다. 하지만, 암 치료 과정에서 만난 환우들과 병원에서 마주한 아픈 이들은 모두 저마다의 이야기를 가지고 자신만의 삶을 살아가고 있었다. 나는 이들을 보면서 분명히 알 수 있었다. 아프다고 '끝'이 아님을! 나 역시 마찬가지다. 암 환자지만, 지금 나는 그 어느 때보다 나다운 하루하루를 보내려 노력하고 있다.

이렇듯 삶 속엔 질병과 죽음이 늘 함께하고, 동시에 질병 가운데에서도 삶은 계속된다. 그러니 아픈 이들에겐 삶이 없는 것처럼 여기는 것을, 질병과 노화와 죽음이 자신의 삶엔 없을 것처럼 살아가는 일을 이제는 멈췄으면 좋겠다.

이를 위해, 조금은 수다스러운 이 이야기를 세상에 보탠다. 아픈 이들의 이야기들이 세상에 자꾸만 스며들 때, 질병을 설명할 언어가 많아질 것이고 우린 좀 더 자연스럽게 죽음과 질병, 노화를 받아들일 수 있게 될 것이다. 그럴 때 인간 삶의 실존적 조건들을 직면하면서 보다 진정한 삶으로 나아가게 될 것이라 믿는다.

한 가지 바람이 있다면, 이 이야기가 '암 극복기'로 읽히지 않았으면 하는 점이다. 나는 병을 '극복'하기보다는 '수용'하고 살아내는 이야기를 하고 싶었다. 아픈 이야기지만 어둡고 무거운 이야기가 아닌 밝고 따뜻한 이야기로 다가갔으면 한다. 질병과 죽음은 특별히 두렵고 무서운 것이 아니라 우리 모두의 삶에 전제된 보편적인 이야기이니 말이다.

이 이야기를 쓰고 싶다고 했을 때 '출간하지 않을 이유가 없다'며 적극 동의해주신 태학사와 글을 손질해주신 고여림 편집자님께 감사의 마음을 전합니다.

아프면서 '프로불편러'가 된 데다 글이 잘 안 써지는 날에는 더 예민해지곤 했던 나를 받아준 나의 20년 지기 남편, 엄마가 수술받고 회복하고, 글 쓰는 데 집중하는 사이 자신의 꿈을 차근차근 벼려간 아들 은성이, 나를 현재에 살게 해주는 반려견 라온. 그리고 도움이 필요할 때마다 기꺼이 손 내밀어주신 시어머니. 이들이 없었다면 암 수술 후 약해진 몸과 마음으로 책을 완성하는 일은 불가능했을 것입니다. 사랑과 고마움, 존경을 담아 이 책을 드립니다.

암을 먼저 경험해내고 하늘에서 쉬고 계실, 나의 엄마 아빠. 딸의 암 경험을 안타깝게 바라보고 계시겠지만, 저 잘 살아내고 있으니 염려 마세요! 사랑합니다.

무지개다리 너머에 있을 나의 첫째 반려견 은이야. 너도 엄마 잘 지켜보고 있지? 언제나 사랑한다.

서로의 취약함을 기꺼이 나누어준 유방암 환우들에게도 깊은 감사의 마음을 전합니다.

※ 책에 언급된 내담자의 이름과 사연은 동의를 구하고, 개인 정보를 알 수 없도록 각색한 것임을 알립니다.

차례

저자의 말: 암은 과연 삶의 끝일까 4

1장: 아프다는 것

비 오는 결혼기념일 16
도대체 뭐가 문제였을까 27
나는 암 환자입니다 37
그렇게 살면 암 걸린다 47

2장: 돌본다는 것

입원 기간 짧은 병원이 어디예요? 60
돌봄받는데 왜 불편할까 70
독립과 의존 사이 80
돌봄에도 거리가 필요해 89

3장: **함께한다는 것**

나라는 너를 만나는 시간 102
사랑해서 더 어려운 일 111
있어주기만 해도 괜찮아 121
아파도 괜찮은 세상 132

4장: **산다는 것**

나는 아프고 건강하다 144
나의 미안한 몸에게 153
암 덕분은 아니지만 162
나를 좀 더 겪어보기로 했다 173

1장:

아프다는 것

비 오는
결혼기념일

그날은 우리의 18번째 결혼기념일이었다. 이른 아침, 눈을 뜨니 비가 오고 있었다. 결혼기념일에 비가 올 때면 남편은 이렇게 이야기한다.

"우리 결혼식 날도 이랬잖아. 전날부터 아침까지 비가 왔지만, 오전에 개면서 예식 시간에는 날씨가 너무 깨끗하고 맑았잖아."

그날 아침 남편은 여기에 한마디를 덧붙였다.

"아마 오늘도 곧 비가 개고 좋은 소식을 들을 수 있을 거야."

나도 그렇기를 간절히 바랐다. 이날은 나의 유방암 조직검사 결과가 나오는 날이었다. 일주일 전 국가에서 해주는 검진에 유방 초음파검사를 추가해서 받다가 오른쪽 유방에서 '못되게 생긴' 작은 혹이 발견됐다. 검진 병원에서는 "모양이 많이 안 좋으니" 그날 바로 대학 병원으로 가서 조직검사를 받으라고 엄포를 놓았다. 나는 겁에 잔뜩 질려 지시대로 했고, 조직검사를 받은 후 오른쪽 유방에 반창고를 붙인 채 일주일을 지냈다.

'걱정해봤자 달라질 것 없어. 조직검사하고 양성인 경우도 많다잖아.'

그 일주일간 스스로를 다독이며 불안을 잠재워보려 했

지만, 자꾸만 내 손은 스마트폰 검색창에 '유방암'을 써넣고 있었다. '부정 타게 그만 보자!' 하면서도 계속해서 유방암 관련 정보들을 기웃거렸다. 조직검사를 했지만 유방암은 아니라는 사람들의 후기를 보면 안도하다가도, 유방암으로 진단받은 사람들의 후기를 보면 또 가슴이 콩닥콩닥 뛰었다. 그렇게 불안은 조직검사 자리에 붙여놓은 반창고처럼 일주일 내내 나와 딱 붙어 다녔다.

불안은 실체를 모를 때 생겨나는 감정이다. 두려운 존재가 다가오고 있을 때, 그리고 그것이 무엇인지 잘 알지 못할 때 사람들은 불안을 느낀다. 하지만, 막상 그 실체를 마주하고 나면 불안이라는 감정은 자취를 감춘다. 마치, 치과 치료를 받기 전 대기실에서는 무척 불안하지만, 막상 치료대에 오르면 그런대로 견딜 만하듯 말이다. 그래서 나는 결과를 들으러 가는 5월 7일을 손꼽아 기다렸다. 암이든 아니든 결과를 알고 나면 이 불안감에서는 해방될 수 있을 테니 말이다.

그리고 마침내 선고받았다. 유. 방. 암. 그날은 종일 비가 그치지 않았다.

내가
'암 환자'라니

나는 부모님 두 분을 모두 암으로 잃었다. 어머니는 직장암으로, 아버지는 혈액암의 일종인 백혈병으로 나의 곁을 떠났다. 두 분의 투병 과정에 '돌보는 이'로 함께했지만, 내가 암에 걸릴 거라고는 생각해본 적이 없었다. 내 나이가 어머니가 직장암을 앓았던 나이에 가까워지고 있었지만, 내게 암은 먼 일이었다. 함께 일하는 절친한 선배 상담자가 2년 전 유방암 수술을 받는 걸 지켜볼 때도 암은 나의 현실엔 존재하지 않는 것이었다.

어쩌면, 부모님 두 분의 투병으로 암 치료의 과정을 누구보다 잘 알고 있던 나는, 암에 관해서라면 무엇이든 무의식적으로 회피하고 있었는지도 모른다. 그 두려움이 너무 커서 말이다.

"암이 맞네요. 크기가 작으니 얼른 수술부터 합시다."

유방외과 교수님의 말을 들었을 때도 그랬다. 비현실적이었다. 아무런 감정도 느껴지지 않았다. 그 순간 '오늘 결혼기념일인데 파티는 글렀네', 이런 생각을 했던 것 같다.

그렇게 집에 돌아왔을 때, 도저히 요리를 할 기분이 나지 않았다. 남편과 배달앱으로 파스타와 샐러드를 시키고 미리 준비해둔 케이크에 초를 꽂았지만 영 결혼기념일 분위기가 나지 않았다. 남편이 선물로 준비한 진주목걸이도 심드렁하게 느껴졌다. 생각과 감각이 모두 마비된 것 같았다.

대학 병원이 의료 파동을 겪고 있었지만, 마침 취소된 수술 자리가 하나 있어서 나는 일주일 후로 수술 날짜를 잡을 수 있었다. 결혼기념일 바로 다음 날부터 3일 연속 나는 병원에 가서 각종 수술 전 검사를 받았다.

혈액 및 소변 검사, CT, 유방 MRI, 초음파검사, 뼈 스캔 등을 차례로 받기 위해 미로 같은 대학 병원을 예약 상황이 적힌 종이 한 장을 들고 오갔다. 혈액이나 소변 검사를 할 때는 암 환자가 아닌 일반 환자도 많았기에 그저 건강검진 같았다. 하지만 CT와 MRI 검사실, 뼈 스캔을 하는 핵의학과 검사실의 풍경은 확실히 달랐다. 머리에 두건이나 모자를 쓰고, 힘없이 앉아 있는 사람이 많았고, 누가 봐도 '항암 치료' 중임을 알 수 있었다. 나처럼 멀쩡한 모습으로 기다리는 사람은 아마도 지금 막 암을 진단받은 사람들이었을 것이다. 그제야 실감이 났다.

'내가 이들과 같은 부류에 속했구나. 나는 이제 암 환자 구나.'

암은 내 오른쪽 유방에 0.9센티미터의 작은 덩어리로 자리하고 있었다. 이 작은 덩어리 하나로 내가 '암 환자' 집단에 속해야 한다는 게 억울하게 느껴졌다. '암' 자체보다 내가 '암 환자'라는 사실이 더 무섭게 다가왔다.

'암'이라는 낙인

아마도 암이 아닌 다른 질병이었다면, 어땠을까. 내가 수술대에 오른 건 이번이 처음이 아니다. 자궁 폴립 수술을 했었고, 출산 시 제왕 절개 수술까지 포함하면 나는 두 번의 전신 마취 수술을 받았다. 그때도 여러 가지 수술 전 검사를 했지만, 그 당시엔 그저 '수술' 자체가 두려웠을 뿐 '환자'라는 사실이 정체감으로 다가오지 않았다. 독감을 비롯한 각종 질병으로 병원에 다닐 때도, 고관절과 어깨가 아파 정형외과 신세를 질 때도 내가 환자라는 것 자체가 문제 되지는 않았다. 심지어 다른 사람에게 옮길 가능성이 높은 코로나에 걸렸을 때도 마음이 위축된 적은 없었다. 하지만 암은 달랐다. '암 환자'라는 말은 나의 정체감에 손상을 주었고, 이전과는 완전히 다른 삶을 살아야 한다는 걸 의미하는 듯했다.

이는 우리 사회가 암을 바라보는 관점 때문이 아닐까. 사실 우리는 암을 단순한 질병으로 바라보지 않는다. 암은 '죽음'을 연상시킨다. 동시에 암은 '나쁜 것'을 대표한다. 각종 언론에서는 범죄, 빈곤, 약물 등 사회에 악영향을 미치는 것들을 '암적 존재'라고 표현한다. 암과 관련된 용어들은 '전쟁'에서 쓰는 단어와 유사하다. '암을 이겨낸 사람들'이라는 표현처럼 암은 싸워서 이겨야 할 '적'이고, 암 치료의 대표적인 방법들인 '방사선 치료', '화학요법' 등의 용어도 전쟁에서 자주 듣는 용어들이다.

유방암 투병을 하면서 암의 문학적, 사회적 메타포에 대해 탐구한 수전 손태그는 《은유로서의 질병》에서 이렇게 적기도 했다.

> 암을 질병으로 여기는 것이 아니라 악마 같은 적으로 취급하는 관습 때문에, 암은 치명적인 질병이 아니라 수치스러운 질병이 되어버린다. (88쪽)

그래서인지 나는 '암 환자' 집단에 속했다는 것 자체에 거부감이 들었다. 내가 이전과는 다른 '불결한' 존재가 된 것 같았다. 암과 싸워 이겨서 내 몸의 암세포를 모두 몰아낸다고 해도 내가 '암 환자였다'는 사실은 지워지지 않는다고 생각하니 몸서리가 쳐졌다. 질병사회학자 아서 프랭크가 자신의 질병 경험(저자는 질병에 맞서 싸운다는 '투병'이라는 개념에 반대하며 이러한 단어를 썼다)을 사유한 책《아픈 몸을 살다》에서 이야기한 그 '낙인'의 기분이었다.

한 인간으로서 내가 갖는 가치가 암이 상관있는 것처럼 보인다는 생각을 멈출 수 없었다. 이 차이가 바로 낙인이다. 낙인이란 말 그대로 몸 표면에 존재하는 표지로, 그 몸이 위험하고 죄를 지었으며 정결하지 않다고 표시한다. (145쪽)

수술 전 검사가 모두 끝난 날 오후엔 아이의 학교에서 학교 공개 행사가 있었다. 검사받는 3일 내내 나는 이 행사에 가도 되는지를 고민했다. 수술 전이라 신체 활동에 아무런 제약이 없는데도, 검사를 마치고 학교로 가면 시간이 딱 맞았는데도, 결국 나는 행사에 가지 않았다. 아이 학교의 구성원 누구도 내가 암 수술을 앞두고 있다는 걸 몰랐지만, 암 환자가 그런 자리에 가면 안 될 것 같았다. 나는 그렇게 스스로를 낙인찍었다.

암이지만 커피는 마시고 싶어

 일요일 아침, 나는 반려견 라온이와 산책을 하고 여행 가방에 짐을 싼 후 병원으로 가서 입원 수속을 했다. 가방 안에 챙긴 세면도구와 속옷 등은 여행 갈 때 싸는 짐과 별반 다르지 않았지만, 호텔 로비가 아닌 병원에서 방을 배정받는 게 비현실적으로 느껴졌다. 통증도 전혀 없고 이렇게 혼자서도 잘 다니는데 내가 암 환자라니. 무언가 한참 잘못된 것 같았다. 하지만, 입원 수속을 밟고 환자복으로 갈아입자, 갑자기 눈물이 터져나왔다.
 그렇게 혼자 울고 있는데 친구가 찾아왔다. "수술 전날 입원실에 있으면 얼마나 기분이 이상한데"라며 내가 운 사실을 다 알고 있다는 듯 찾아온 친구와 나는 병원 지하에 있는 커피숍으로 갔다. 친구와 마주 앉아 커피를 홀짝거리면서 '암' 이야기가 아닌 남편과 아이들 이야기, 그리고 일터에서의 사건들에 대해 수다를 떨었다. 그러자 다시 예전의 내가 된 것 같았다.

어. 그러고 보니 나는 암 환자지만, 여전히 커피를 마시고 있었다. 하루의 시작에 늘 커피가 함께하는 나는 유방암 선고를 받았던 날 교수님께 "커피는 마셔도 되나요?"라고 물었었다. 다행히도 교수님은 "커피는 괜찮다"고 말해주었고 안도했던 기억이 난다. 커피는 내 일상이 잘 유지되고 있다는 상징 같은 거였다. 암 선고의 순간에도 '커피'가 중요한 나는 여전히 나였다.

친구와 헤어져 입원실에 돌아와 짐 속에 챙겨 온 다이어리를 펼쳤다. 침대에 혼자 앉아 다이어리를 살펴보며 수술과 회복 기간에 잡힌 약속들을 취소했다. 내담자들에게 연락을 돌려 수술 후 회복할 때까지 상담 약속을 미루고 스케줄을 조정했다. 암 수술을 앞두고 있었지만, 나는 상담자로서 해야 할 일을 하고 있었다. 꾸준히 원고를 보내던 매체의 담당자에게도 연락해 다음 원고는 조금 늦게 보낼 수 있을 것 같다고 말했고, 담당자는 흔쾌히 이해해주었다. 수술 후 회복하면, 다시 글을 쓸 수 있다는 생각에 마음이 놓였다.

그때 다이어리 사이에 끼워놓았던 남편의 결혼기념일

카드가 눈에 띄었다.

'주연아. 결과가 어떻든 나는 똑같이 너를 사랑할 거고, 혹시 암이라고 해도 내가 널 지킬 거야.'

암 진단 전 적었을 이 카드에서 남편은 암 환자일 때나 아닐 때나 내가 똑같은 사람이라고 말하고 있었다. 왠지 모를 안도감이 들었고 눈물이 흘러나왔다. 나는 암 환자이고, 동시에 여전히 나였다.

도대체 뭐가
문제였을까

'대체 왜 내가 암에 걸렸을까?'

암 진단을 받은 후, 현실감각이 돌아오면서 가장 많이 한 생각이 바로 이거였다. 살이 쪄서인가? 운동을 열심히 안 해서일까? 먹는 게 별로였나? 온갖 생각이 마음에 떠다녔고, 그럴 때마다 나는 자책했다. 그러면서 이렇게 다짐했다.

'하느님이 그동안 몸에 소홀한 내게 경고장을 날린 걸 거야. 진짜 정신 바짝 차리자. 이제부턴 몸에 좋은 거만 먹고 운동도 열심히 하고, 살도 좀 빼자.'

유방암은 수술 중 감시 림프절을 떼 전이 여부를 검사한다. 이때 림프절 전이가 없으면 암과 그 주변 조직만 떼어내고 나오지만, 전이가 있으면 림프절까지 제거해야 해 수술 부위가 넓어진다. 나는 다행히 떼어낸 림프절 모두에서 전이가 발견되지 않았다. 그래서 0.9센티미터짜리 암 덩어리와 그 주변의 조직을 약간 더 떼어낸 뒤 수술을 마쳤다. 수술 부위가 작은 편이라 배액관도 달지 않았다. 제왕절개 등 이전에 경험한 수술에 비하면, 통증도 참을 만했다. 그마저도 금방 진정됐고, 수술 다음 날 아침에는 진통제를 맞지 않는데도 통증이 거의 느껴지지 않았다.

난 빨리 집에 가고 싶었다. 병실에 있으면 '암 환자' 정체감이 나를 사로잡는 것 같았고, 병실에서 지루하다 보니 자꾸만 내가 암에 걸린 이유를 찾아보고 있는 것도 싫었다. 나는 교수님께 하루 일찍 퇴원해도 되는지를 여쭈었고, 교수님은 괜찮다 했다.

그렇게 수술 바로 다음 날 퇴원을 했다. 남편은 '퇴원 축하 파티'를 하자 했고 시어머니는 내게 몸에 좋은 음식들을 해주시겠다며 우리 집에 와 계셨다. 그날 저녁 '파티'를 하면서 남편과 어머님은 내가 병원에서 벗어나고 싶었던 그 생각, '왜 암에 걸렸을까'에 대해 여러 가지 '덕담(?)'을 해주셨다.

그런데 이상했다. 스스로 원인을 찾고 있었으면서도 다른 이들이 암의 원인을 나에게서 찾자, 왠지 부당하다는 생각이 들었다.

아픈 건
네 책임이야

남편은 건강 관리에 무척 철저한 편이다. 직장에선 엘리베이터를 타지 않고 계단만 이용해 다니고 퇴근 후엔 매일

헬스클럽에 나가 2시간씩 운동한다. 50을 바라보고 있지만, 20대 때 입었던 바지를 입을 수 있을 만큼 허리둘레도 그대로다. 남편은 내게 '퇴원 선물'이라며 건강 관리 시계를 선물해줬다. 손목에 차고 다니면 나의 걸음 수, 칼로리 소모량, 심박수 등이 자동으로 체크되는 시계다.

   나는 '건강'을 선물한다는 남편의 마음이 무척 고마웠다. 평소 깜짝 이벤트 같은 걸 잘 하지 않는 성격이라 약간의 감동도 받았다. 하지만, 곧 이어진 말들은 답답하게 느껴졌다.

   "이제부터 이거 차고 운동 열심히 하자. 비만이 유방암 재발의 큰 원인 중 하나야. 살도 빼고 근육량도 늘리고. 운동 열심히 하고 건강 관리 잘하라는 기회로 삼으면 돼."

   환자 역할에 매여 있던 터라 뭐든 좀 부정적으로 느꼈던 시기이기도 했지만, 나는 이 말이 마치 "그동안 운동도 안 하고, 살도 계속 찌고 그러니까 결국 이렇게 됐잖아"라고 들렸다. 평소 "나이 들어서 살찌고 아픈 건 자기 책임이야"라는 말을 자주 했던 남편의 모습을 떠올려보니 더욱 그랬다. 운동 부족과 게으름이 내 유방암의 원인이라는 소리 같았다.

마음은 알지만
자꾸 속상해

나의 시어머니는 '보살' 같은 분이시다. 가난도, 지독한 시집살이도 모두 견뎌내셨다. 그러면서도 평화롭고 온화한 미소를 잃지 않으신다. 주변 상황에 크게 휘둘리지도 않고, 화를 내거나 언성을 높이신 적도 없다. 늘 긍정적으로 상황들을 바라보고 주변 사람들을 배려하신다.

시어머니를 뵐 때면 스트레스 관리를 잘하시는 것 같아 늘 대단하다 싶었다. 그래서인지 시어머니는 내게 이렇게 말씀하셨다.

"너무 예민하게 생각하지 말고, 스트레스받지 말고 맘 편히 가져."

내가 퇴원 후 컨디션이 좋아 다음 주부터는 상담도 재개할 수 있을 것 같다고 하자 "신경 쓰는 일 만들지 말고 쉬어라. 스트레스가 암의 가장 큰 원인이래"라고 조언해주셨다.

나는 어머님의 이 말들이 나를 위한 것이라는 걸 잘 알고 있었다. 하지만 이 말은 종종 "네가 일하는 데 신경을 많이 쓰고, 페미니스트라 예민하게 굴면서 스트레스를 많이 받아 암에 걸렸으니 이제 그러지 말아라"라는 뜻으로 들렸다. 이 또한 '예민하게' 받아들인 건지도 모르겠지만, 자꾸만 속이 상했다.

암은
그냥 온다

이후 시간이 조금 더 지나 수술한 부위의 작은 불편함도 거의 다 사라졌을 무렵, 이모들을 만났다. 나는 이모들과 어릴 적부터 친구처럼 각별하게 지냈고 부모님이 돌아가신 후엔 이모들이 종종 부모의 자리를 대신하기도 했다. 이모들은 내게 고생했다며 맛있는 걸 사주겠다 했고, 우린 오랜만에 모였다.

'그만해서 다행이다'라며 따뜻한 인사를 주고받고, 나의 유방암 수술기를 무용담처럼 자세히 나눈 후 갑자기 토론이 시작됐다. 이모들의 주 관심사는 "도대체 네가 왜?"였다. 이모들은 "넌 어릴 때부터 고기도 많이 먹지 않았고, 더군다나 지금은 비건이고, 남편이나 자식 때문에 속 썩는 일도 없을 것 같은데 대체 왜 이런 일이 생긴 거니? 너희 엄마는 대장암이었으니 유전도 아닐 텐데 말이야"라며 내게 영향을 줬을 것 같은 목록을 하나하나 지워갔다. 그리고 내린 결론은 이거였다.

"그래, 네가 탄수화물을 많이 먹잖아. 분식 좋아하고. 더군다나 비건들이 고기를 안 먹으니 허기져서 탄수화물에 더 의지한다던데. 탄수화물 때문인가 보다. 앞으로는 단백질 위주의 식단을 먹도록 해."

이모들은 '탄수화물'로 결론짓고 난 후에야 다른 화제로 넘어갈 수 있었다.

내가 이런 반응들 속에서 느낀 건, 나의 '암 진단'을 둘러싸고 각자가 자신들의 불안을 다루기 위해 애쓰고 있다는 것이었다. 가족 중 암 환자가 생겼으니 암이 불쑥 일상으로 들어온 느낌이었을 것이다. 이는 필연적으로 '혹시 나도?'라는 개인적 불안 또는 '죽음'이 연상되는 실존적 불안을 유발했을 것이고, 그 이유를 찾음으로써 불안을 다스리고 싶었을 것이다. 암의 원인이 암 환자의 습관이나 사고방식, 생활 태도 등에 있다고 믿으면, 그것들만 피해 가면 암을 막을 수 있을 테니 말이다.

이는 비단 친밀한 이들만의 반응은 아니다. 오랫동안 사회는 질병의 원인을 병에 걸린 개인에게서 찾아왔다. 종교가 지배했던 시절에는 질병을 개인의 죄에 따라 신이 내리는 벌로 이해하곤 했다. 성경에도 '죄지은 자'의 모습은 대체로 '병자'로 상징된다. 능력주의와 자본주의의 세례를 받은 요즘엔 건강 관리도 '능력'이라 여겨진다. 질병은 능력 없는 개인의 탓으로 간주된다.

나는 미국의 사회심리학자 멜빈 러너의 '공정한 세상 가설'이 떠올랐다. 러너에 따르면, 사람들은 '세상은 공정하며 스스로 자기 삶을 통제할 수 있다'고 믿고 싶어 한다. 아무런 이유 없이 불행한 일들이 나에게도 벌어질 수 있다고 생각하면 그 불안을 견딜 수 없기 때문이다. 그래서 이런 가정을 손상하는 사건이 발생하면 우선 이 믿음을 유지할 방법을 찾는다. '사람들이 얻는 것에는 마땅한 이유가 있다'는 신념을 작동시켜 불행의 원인을 당사자 개인의 잘못으로 돌리는 것이다.

심리학자들은 '공정한 세상 가설'에 따르는 이러한 사고방식을 기본적인 인지 오류 중 하나로 본다. 인간의 실존적 조건인 취약함과 불안함을 견디기 위해 사람들이 흔히 저지르는 생각의 오류라는 것이다. 이런 사고방식은 비극적인 일을 겪는 사람들이 '마땅한 이유'로 그런 일을 겪는 것이라고 비난하는 편견과 차별로 이어지기도 한다.

 암에 걸리기 전엔 나 역시도 이런 사고의 오류에서 자유롭지 못했다. 하지만, 이제 나는 안다. 암은, 질병은 아무 이유 없이 그냥 온다. 운동, 식단, 스트레스 관리로 어느 정도 예방은 가능하지만, 예방 접종을 한다고 해당 질병을 백 퍼센트 피해 갈 순 없는 것처럼, 열심히 건강 관리를 해도 병을 완전히 막을 수는 없다. 의학적으로 밝혀진 병의 원인들이 있긴 하지만, 이것 역시 반드시 인과 관계로 이어지지는 않는다.

 그러니 병에 걸린다는 건 누구의 잘못도 아니다. 나도 무언가를 잘못해 암에 걸린 것이 아니다. 인간 실존의 조건인 질병과 노화, 그리고 죽음을 향해 가는 여정 속에서 내게 암이 우연히 찾아왔을 뿐이다. 질병의 이유를 나 자신에게서 찾고 자책하는 일은 내게 해로울뿐더러 삶의 진실과도 멀어지게 하는 것임을 이해하고 나니, 질병사회학자 아서 프랭크가 자신의 질병 경험기를 담은 책《아픈 몸을 살다》에 적은 다음 문장이 마음에 와서 박혔다.

> 병이 났다고 죄책감을 느낄 만큼, 아니면 건강하다고 자랑스러워할 만큼 나는 전능하지 않다. 내가 할 수 있는 일은 오

직, 벌어지는 일을 받아들이고 어떻게 살아갈지 계속 모색하는 것뿐이다. (141쪽)

나는
암 환자입니다

'유방암 환자의 피부 관리법', '폐암 4기 환자의 하루'.

암 진단을 받고 유방암에 대해 검색을 많이 해서 그런지 SNS 앱을 열 때마다 인공 지능은 내게 이런 피드들을 추천했다. 앱을 열자마자 암에 대한 것들이 뜨는 건 짜증스러웠지만, 암 환자임을 당당히 공개한 이들의 삶을 엿보면서 나름 잘 살아가는 모습들에 위안을 얻었다. 그러면서 이런 질문이 생겼다.

'나의 암 소식은 어디까지 알려야 할까?'

나는 선뜻 답을 찾지 못하고 그저 시간만 흘려보내고 있었다.

그사이 수술 후 정밀 조직검사 결과가 나왔고, 내 유방암 조직의 정확한 특성이 파악됐다. 나의 유방암은 1기, 호르몬 양성 타입이었고, 악성도는 중간이었다. 유방외과 교수님은 호르몬 양성 타입이고 전이가 전혀 없어 항암 치료는 안 해도 될 것 같지만, 치료 여부를 확실히 하기 위해 온코검사(떼어낸 암 조직의 유전자를 통해 항암 치료 여부와 재발 가능성 등을 예측하는 검사)를 권유했다.

나의 암 조직은 미국의 연구소에 보내졌고, 검사 결과 호르몬 억제 약물을 복용할 경우 10년 내 재발 가능성 4퍼센트 이내, 항암 치료로 인한 이득은 1퍼센트 이내로 항암 치료가 필요 없다는 결과가 나왔다. 가장 두려웠던 항암 치료를 하지 않아도 된다는 소식에 마치 합격증을 받아 든 기분이었다.

그렇게 수술 후 치료 방향이 확정됐다. '항암 패스표'를 받은 그날부터 나는 여성 호르몬이 암세포와 만나는 것을 차단해주는 타목시펜 성분의 약인 놀바덱스를 복용하기 시작했다(10년간 하루 두 번 매일 복용해야 한다). 그리고 혹시 남아 있을지 모를 암세포들을 죽이고, 재발 확률을 더 낮추기 위해 방사선 치료를 받기로 했다(부분 절제 유방암 환자들에겐 필수다).

나는 3주 동안 주말을 제외하고 15회의 방사선 치료를 받아야 했다. 치료 시간은 10분 내외지만, 집에서 병원까지 거리가 꽤 있었고, 치료 시간이 치료실 사정에 따라 변동될 수 있다 해서 3주간은 꼼짝없이 병원에 매여 지낼 수밖에 없었다.

드러내기의 두려움

수술 후 수술한 쪽인 오른쪽 팔의 움직임이 불편한 것 외에는 컨디션이 너무 좋았던 나는 당시 이미 상담을 재개한 상태였다. 다시 병원에 매여 지내야 한다는 건 또다시 상담 약속을 미루거나 조정해야 한다는 의미였다. 수술할 때는 '입원할 일이 있다' 정도로만 가볍게 둘러댔었는데, 또다시 핑계를 대자니 상담자로서 내담자들에게 진실하지 못하다는 생각이 들었다.

하지만, 암 환자라는 사실이 알려졌을 때 어떤 일이 벌어질지 두렵기도 했다. 지금까지 살아오면서 경험하고 보아온 한국 사회는 '약함' 혹은 '다름'을 드러내면 쉽게 편견과 차별에 노출되는 사회였다. 남들과 조금 다른 생김새라고, '정상 가족'과 다른 형태의 가족이라고, 성적 지향이나 성 정체감이 다수와 다르다고, 심지어 여성, 노인, 어린이라는 이유로 편견과 차별을 경험하는 이가 너무나 많았다. 그래서 한국의 많은 이는 자신의 정체감을 드러내지 못한 채 '커버링'하며 살아간다.

'커버링'이란 미국의 법학자 켄지 요시노 교수가 저서 《커버링》에서 개념화한 것으로, 성 소수자들이 자신의 정체감을 스스로는 수용하지만, 이를 표현하지 못하고 지내는 것을 의미한다. 사회적 시선이나 편견에 노출되는 것이 두렵기 때문이다.

나는 이 개념이 성 소수자뿐 아니라 다양한 사회적 약자에게도 해당한다고 생각한다. 한국 사회는 이 책의 배경인 미국보다도 다양성을 존중하는 폭이 훨씬 좁다. 이런 사회에서 '암 환자'임을 드러내는 것은 여성인데다 질병까지 가진 '약자'임을 천명하는 일이 될 것이 뻔했다. 항암 치료를 하지 않아 머리가 빠지는 것처럼 겉으로 드러나는 부작용도 없는데 굳이 암 환자임을 밝힐 필요가 있을까 싶었다.

한편으론, 나를 찾는 내담자들이 내가 '암 환자'임을 알았을 때 어떻게 받아들일지, 나를 믿고 자신들의 어려움을 털어놓을 수 있을지 걱정도 됐다. 그런가 하면, 암 치료를 받으면서도 일상생활을 해나가는 걸 보면 오히려 내담자들에게 도움이 되지 않을까 생각도 했다.

이렇게 고민하는 나 자신을 바라보면서 '상담자'로서 강한 정체감을 가지고 있는 나를 느낄 수 있었다. 암이 상담자로서의 정체감이나 열정을 삼켜버리지는 않았던 것이다. 이를 깨닫고 나니 솔직해지고 싶었다. 보다 진실된 상담자로 내담자들을 만나고 싶었고, 암 환자지만 나는 여전히 나임을 알리고 싶었다. 그렇게 나는 '암 환자'임을 공개하기로 했다.

드릴 말씀이
있는데요

　나는 페이스북에 그간의 사연을 올렸다. 병을 발견했을 때부터 지금까지 상황을 솔직하게 적고서는 반응을 기다렸다. 대체로 조용한 나의 페이스북 계정이지만 그날은 곧 반응이 왔다. 친구, 동료, 조금은 먼 지인들까지 댓글을 남겨주었다. '그런 일이 있었다니 고생 많았어요. 이젠 좋아질 일만 남았네요', '조기에 발견해서 정말 다행이다', '빨리 발견하고 수술도 끝냈으니 감사하네', 이런 댓글들이었다. 이 반응들은 대체로 내 마음을 편하게 해주었다.

　수년간 페이스북으로 서로 소식만 보고 살던 이들 중 몇몇은 오랜만에 카톡을 보내오기도 했다. 이들은 자신의 가족 중에 유방암이나 다른 암으로 수술한 분들이 있는데 다들 잘살고 있다고 나를 안심시켜주었다.

　내담자들에게는 스케줄 조정을 하면서 직접 소식을 전했다. 대부분의 내담자들이 '어머, 선생님!' 하면서 놀라는 표정을 짓긴 했지만, "빨리 발견해서 다행이에요. 상담 약속은 선생님 치료 스케줄 따라서 잡으세요"라고 말해주었다. 덕분에 방사선 치료 기간에 상담 일정을 잘 정리할 수 있었다.

정말 좋았던 건, 내담자들이 나를 대하는 태도였다. 상담자가 암 환자임을 알면서도 마음을 털어놓을 수 있을까 걱정했지만, 이들은 여전히 나를 상담자로 대해주었다. 한동안은 상담 시간마다 "선생님, 컨디션 괜찮으세요?"라며 안부를 묻는 내담자들도 있었지만, 그렇다고 이들이 나와 함께 자신들의 마음을 탐험하는 일을 주저하지는 않았다.

몇 주가 지나고 방사선 치료까지 종료되어 일정을 조정할 필요가 없어지자, 내담자들은 더 이상 나의 안부를 묻지 않고 예전과 다름없이 자신들의 이야기를 들려주었다. 예전과 똑같이 '상담자'로 대해주는 내담자들이 나는 고마웠다.

내 맘 같지 않은 시선들

하지만, '암 환자'임을 밝힌 걸 후회한 순간도 꽤 있었다. 바로 나보다 암에 대해서 많이 알고 있는 이웃들을 만날 때였다. 한 이웃은 내가 유방암 수술을 했지만, 지금은 치료를 다 마쳤고 괜찮다고 이야기하자 다짜고짜 "난소를 떼어냈느냐"고 물으면서 "난소를 제거해야 재발 안 하니 난소를 없애야 한다"며 암이 재발한 지인의 이야기를 들려주었다. 나는 그 후 며칠 동안 불안에 휩싸여 유방암과 난소의 관계에 대해 찾아보았다.

몇몇 지인은 건강 정보 프로그램에서 본 것을 예로 들면서 식단 관리는 어떻게 해야 한다, 근육 운동을 많이 해야 한다, 요양 병원에서 관리를 받아야 한다는 등 다양한 정보를 내게 알려주었다. 나는 이들이 나를 가르치려 한다는 기분이 들었고, '맨스플레인'이라는 단어가 떠올랐다. 남성 중심 사회에서 남성이 여성을 가르치려 든다는 '맨스플레인'처럼 건강 중심 사회에서 건강한 이들이 아픈 나를 '가르치려' 하는 것 같았다. 선의를 품은 말인 줄은 알았지만, 내 삶을 통제하려는 것 같아 불편했다.

어떤 이들은 "긍정적으로 생각해", "밝게 지내야 암이 사라져", 이런 말을 하곤 했다. 늘 우울하거나 그런 건 아니었지만, 방사선 치료 중엔 피로감이 쌓여 무기력해지곤 했다. 때로는 갑자기 불안이 엄습해오기도 했다(이건 지금도 마찬가지다). 나는 이런 감정들을 주변 사람들과 나누고 싶었지만, 불안하고 무기력한 마음을 꺼내려고 하면 "좋게 생각해야 해. 긍정적인 생각이 암을 이겨내게 한대"라는 충고를 들을 때가 많았다.

이런 이야기를 들을 때면 바버라 에런라이크의 책 《긍정의 배신》이 떠올랐다. 이 책에서 에런 라이크는 자신이 유방암을 진단받았던 때를 떠올리며 암 환자에게 긍정적이어야 함을 강조하는 것은 '애초에 암이 생긴 것도 부정적인 태도 탓(70쪽)'이라고 환자들이 자책하게끔 한다고 지적했다. 나 역시 이런 말을 들을 때마다 뭔가 '내 잘못'이라는 생각이 자꾸만 들었다.

또 다른 이들은 너무 조심스러워했다. 툭하면 "괜찮아?", "이거 먹어도 돼?", "피곤하진 않아?", "힘들면 말해"라고 물었다. 이런 말들은 나를 '환자'로만 보는 것 같아 영 불편했다. 반면 "생각보다 멀쩡하네", "수술했다지만 피부도 좋아 보이는데 환자 같지 않아"라고 말해주는 이들도 있었다. 하지만, 이 역시 '암 환자는 안 멀쩡하고 피부도 칙칙할 것'이라는 편견을 가지고 대하는 말이어서 영 찝찝했다.

이처럼 나를 불편하게 한 반응들은 대체로 건강을 중심에 두고 바라보면서 '암 환자는 이럴 것이다'라는 선입견에 기반한 것들이었다. 나는 이런 반응들을 접할 때면 솔직하게 대화하기가 어려웠다. 내가 암 환자임을 자꾸만 '커버링'하고 싶어졌다.

하지만, 그 누구도 질병이 있다고 해서 '환자'라는 사실이 그 사람 자체를 규정짓지는 않는다. 같은 암 환자라도 각기 다른 정서를 느끼고, 다른 일상을 영위한다. 또한, 일상에서 '암 환자'가 아닌 자신의 다른 정체감을 발휘하며 살아가는 시간도 많다. 이건 성 소수자, 장애인 등 다른 사회적 소수자들도 마찬가지다. '소수자'로서의 정체감은 일부분일 뿐이다.

아파도, 다수와 다른 정체감을 가지고 있더라도 우리 모두는 자신만의 고유한 이야기를 가지고 있다. 내가 바랐던 건 각자의 이런 '고유한 경험'에 귀 기울여주고, 나를 '암 환자'가 아닌 '한 사람'으로 지지해주는 태도였다.

그러니 아프거나 사회적으로 소수의 정체성을 가진 이들이 '커버링'하지 않도록, '고유한 한 사람'으로 대해준다면 정말 좋겠다. 그럴 때 관계도 더 진솔해지고 질병, 죽음, 노화와 같은 인간 실존의 조건들을 직면하면서 보다 진실하게 살아갈 수 있을 것이다.

그렇게 살면
암 걸린다

'암 환자'임을 공개한 후, 본격적인 방사선 치료가 시작됐다. 방사선 치료는 치료 중에 통증이 전혀 없어서 치료 자체가 힘들지는 않았다. 고역은 몸에 그린 선이었다. 방사선 치료를 시작하기 전 정확한 방사선 조사를 위해 CT를 찍고 몸에 선을 긋는다. 상반신 전체에 쓱쓱 그려진 이 선들을 치료 기간 내내 지워지지 않도록 해야 했다. 선이 지워지면 CT를 다시 찍어야 해 매우 주의해야 했다.

문제는 내가 한여름인 7월에 방사선 치료를 받는다는 점이었다. 선을 그린 잉크가 땀과 물에 약해 땀을 최대한 흘리지 않도록 해야 했고, 샤워도 자제해야 했다. 게다가 선이 쇄골 위까지 그려져 있어 목이 파인 시원한 여름옷을 입는 게 영 꺼려졌다. 내 몸을 볼 때마다 '암 환자'라는 '낙인'이 새겨진 것 같아 울적했다.

이 울적함이 줄어든 건 방사선 치료 대기실에서 다른 환자들을 만나면서부터였다. 치료가 지연돼 대기가 좀 길었던 날. 옆자리에 앉은 한 젊은 여성과 이야기를 나누게 되었다. 나는 "이 선을 볼 때마다 너무 속상하다"고 푸념했다. 그러자 이 여성은 내게 "이것도 제 몸이 겪는 아주 특별한 경험인 거잖아요. 나만의 고유한 경험 중 하나라고 생각하니 마음이 좀 편해지더라고요"라고 답했다. 그 말에

울컥하면서 내 몸에 미안한 마음이 들었다.

　대기실에서 만난 이들 중엔 항암 치료까지 마치고 방사선 치료를 받는 분도 많았다. 아직 덜 자란 머리카락 때문에 모자나 두건을 쓰고 기다리고 있었지만, 표정이 어둡지만은 않았다. 자신들의 암에 대해 솔직히 털어놓으며 한바탕 웃기도 했다. 나는 이들과 이런저런 이야기를 나누면서 마음이 편안해지곤 했다. 내가 암 환자 집단에 있다는 게 반갑지는 않았지만, 전처럼 수치스럽지는 않았다. 우리는 '암 환자'였지만 각자의 이야기를 가진 '사람'들이었다.

　그런데 주변에서 들려오는 '말'들은 종종 마치 내가 사회의 '암적 존재'가 된 듯한 기분이 들게 했다. 내게 향한 말이 아닌 걸 알면서도 예전에는 귀담지 않았을 어떤 말들이 아프게 다가왔다.

그 말을 꼭
해야 했을까

　얼마 전 인스타그램에서 나는 이런 피드를 봤다. '일찍 오면 귀찮고, 늦으면 걱정되고 […]' 하면서 남편에 대한 아내의 마음을 코믹하면서도 절묘하게 표현한 글이었다. 나도 꽤 공감되는 부분이 있어 웃으면서 보았다. 그런데 피드 아래에 적힌 글귀에서 나는 그만 얼어붙고 말았다. 위에 적은 이런 특성들을 다 모아서 한마디로 남편을 다음과 같이 표현하고 있었다.

'남편은 암 유발자'.

댓글에는 너무나 재치 있다며 특히 '암 유발자'라는 표현에 공감한다는 의견이 많았다. 마음이 '쿵' 내려앉는 것 같았다. 나의 병이, 나의 가족이 '웃음거리'가 되어버린 기분이 들었다. 화가 나면서도 수치스러웠다. 남편 때문에 속이 상한다는 의미를 이렇게까지 과격하게 전달해야 하나 싶었고, 이 표현이 절묘하다며 함께 웃는 사람들의 반응도 아프게 다가왔다. 만일 이 문장을 남편이 봤다면 어떤 마음이 들었을까. 자신을 '암 유발자'라 표현하는 말에 분노하면서도 동시에 심한 죄책감을 느끼지 않았을까.

내가 개인적으로 알고 지내는 한 치과 의사는 사석에서 이런 말을 했다. 병원에 진상 환자들이 오는데, 그럴 때 병원 직원들과 "구강암 걸릴 놈!"이라고 한바탕 욕을 하고 나면 속이 편해진다고. 자신의 직업적 스트레스를 털어놓으면서 치과 의사로서의 정체감을 한껏 강조하는 말이었지만, '암'을 마치 '나쁜 사람'이 걸리는 병처럼 묘사하고 있었다. 웃으라고 한 말인 줄 알면서도 나는 불쾌한 표정을 감추지 못했다.

이런 일들을 경험하면서 나는 암이 얼마나 '희화화'되고 있는지를 깨달았다. 누군가에게는 절박한 일이 농담의 소재가 된다는 게 속상했고, 암에 걸리기 전 나도 이런 말을 내뱉은 건 아닌지 돌아보았다. 동시에 나는 이런 말을 하는 이들이 어딘가 불안해 보였다. 질병과 죽음에 대한 불안을 수용하는 것이 힘들어, 이렇게 웃음거리로 만들고서야 안심이 되는 듯했다.

웃자고 하는 말일지라도

"그렇게 살면 암 걸린다."

'암'을 은유하는 말 중 나를 가장 힘들게 했던 말은 바로 이거였다. 나는 이 말을 일상 곳곳에서 숱하게 들었다. 수술과 치료를 마치고 오랜만에 이웃들과 브런치를 하는 자리였다. 그중 한 명이 크림이 잔뜩 들어간 달달한 빵을 주문하자 또 다른 이웃이 "단 거 줄여. 그런 거 먹으면 암 걸려"라고 말했다. 몇 주 전 방사선 치료를 마친 내가 바로 옆에 있었는데도 말이다. 나는 나를 '암 환자'로 보지 않는 것 같아서 다행이다 싶으면서도 씁쓸했다.

한번은 한창 열심히 일하고 있는 친구 둘과 만난 일이 있었다. 그중 대기업에 근무 중인 친구가 일 때문에 스트레스가 많다고 털어놓았다. 그랬더니 또 다른 친구는 이렇게 말했다. "야. 너 그러다 암 걸리는 거 아니야?" 그 친구는 내가 곁에 있다는 걸 알고 잠시 멈칫했지만 내 마음엔 생채기가 나고 말았다.

주변에서만이 아니다. 유튜브 등 각종 온라인 매체에서 암에 대한 정보를 검색하다 보면 '암 안 걸리는 생활 수칙', '이렇게 하면 암 걸린다' 같은 제목을 단 영상들이 등장한다. 이는 모두 질병을 개인화하고 있다. 즉, 생활 습관이나 식습관 등 자기 관리 소홀이 병의 원인이라고 이야기하고 있는 것이다. 이런 표현들은 진실도 아닐뿐더러 가뜩이나 아픈 사람들에게 자책감과 수치심을 느끼게 할 뿐이다.

굳이 '암의 원인'을 따지자면, 관리를 잘못한 개인보다는 과도한 경쟁과 업무로 일 중심으로만 살게 하는 직장 문화, 아무리 노력해도 경제적인 안정을 누리기 힘들게 되어 있는 불평등한 사회 구조, 남들과 조금 다르다는 이유로 쉽게 편견과 차별에 노출되는 사회 분위기가 더 유력하지 않을까. 이런 부분들에 대한 인식 없이 '그렇게 살면 암 걸린다'고 충고하는 것은 아픈 이들에 대한 차별일 뿐이다.

건강이 전부는
아닐 수도 있잖아

 충고하거나 희화화하는 말뿐이 아니다. 암 환자가 되고 나니 흔히 듣는 덕담도 까끌하게 느껴진다. 암 환자임을 밝힌 후 나와 처음 대면한 한 동료는 내게 이렇게 말했다.
 "쌤, 건강을 잃으면 모든 걸 잃는 건데 진짜 큰일 날 뻔했어요."
 나를 걱정하는 마음이 진심임을 모르는 바는 아니었다. 하지만, 나는 이 말이 위협적으로 느껴졌다. 건강하지 않은 내게 정말로 큰일이 생길 것만 같았다.
 물론 '건강'은 좋은 것이다. 누구나 아프지 않고, 건강하고 활기차게 살아가기를 원한다. 하지만, 건강한 상태로 일평생을 지내는 이는 아무도 없다. 크고 작은 질병에 걸리기도 하고, 노화라는 자연스러운 과정을 거치면서도 건강을 잃는다. 질병에 걸렸을 때 치료해서 낫기도 하지만, 고혈압, 당뇨처럼 질병을 안고 살아가기도 한다. 암 환자 역시 '완치'의 기준이 있긴 하지만, 늘 재발의 위험 속에 살아야 하기에 병을 곁에 두고 지내야 한다. 요즘엔 암을 완전히 없애지 않고도, 약물 등으로 조절해가며 그야말로 암과 함께 살아가는 이도 많다.

그렇다면 결코 '건강하다'고 할 수 없는 만성질환자, 암 환자, 그리고 노인과 장애인들은 정말로 모든 것을 잃은 채 살아갈까. 그렇지 않다. '건강하지 않은' 이들 대부분은 자신의 몸 상태에 적응하면서 나름의 일상을 살아가며, 건강한 이들 못지않게 의미 있는 하루하루를 살아간다. 건강을 잃는다고 해서 모든 것을 잃는 것은 결코 아니라는 것이다. 나 역시도 그랬다. 암 환자지만 나는 나로서 여전히 살아가고 있다.

그런데도 이런 말들이 '덕담'으로 널리 통용되는 것은 우리 사회가 '건강 중심'으로 기울어져 있기 때문은 아닐까. 우리 사회는 질병을 죄악시하는 경향이 짙다. 마치 건강은

'선'이고 질병은 '악'으로 바라보고 있는 듯하다. 하지만 질병은 삶 속에 늘 있고, 나이가 드는 것만으로도 우리는 아픈 상태가 된다. 질병은 '악'이 아니라 인간 삶의 조건인 셈이다. 이를 간과하고 '건강'만을 강조하는 것은, 질병과 노화, 죽음에 대한 불안한 심리가 작동하고 있는 것이라 볼 수밖에 없다.

이런 말들이 다 걸리고 기분이 나쁘다고 하면 도대체 '무슨 말'을 하고 살아야 하냐고 반문할지도 모르겠다. 하지만, 은연중에 사용하는 말들은 사람들의 마음과 행동에 지대한 영향을 끼친다. 심리학에 '인지적 융합'이라는 말이 있다. 사람의 뇌는 말한 것을 그대로 받아들이고 행동이나 태도까지 이에 일치시켜간다는 뜻이다. '말한 대로 된다'라는 말은 심리학적으로는 진실인 셈이다. 그래서 질병과 건강에 대한 극단적인 은유를 자주 사용하면 할수록, 그 은유는 현실이 된다. 사회는 건강 중심으로 흘러가고, 아픈 이들은 점점 더 소외될 것이다.

걸핏하면 암에 비유하는 대신 내가 느낀 감정이 무엇인지 인식하고 이를 구체적으로 표현해보면 어떨까? '남편은 암 유발자'라고 하기보다 우리 남편의 이러이러한 면이 나를 힘들게 한다고 말하면 남편을 미워하는 마음이 덜 생길 것 같다. '구강암 걸릴 놈'이라고 욕하는 대신 "저 손님의 이런 부분은 진짜 너무하네. 좀 고쳐줬으면 좋겠어"라고 말한다면 전문가로서 품위를 지킬 수 있을 것이다. "그렇게 살면 암 걸린다"라는 협박 대신 걱정하는 마음을 전달하면 된다. "건강을 잃으면 모든 걸 잃는 거야"라는 극단적인 표현 대신 "건강 잘 챙겨" 정도로 가볍게 말하면 안 될까? 이런 언어 습관은 내 마음을 구체적으로 돌아보면서 동시에 사회적 편견으로부터도 나를 자유롭게 해줄 것이다.

말을 경계하면서 우리는 말 뒤의 불평등한 사회와 내 앞의 사람을 마주하게 된다. 은유는 단지 글이나 생각을 꾸미는 장식을 넘어 우리의 태도, 신념, 행동에 영향을 주기 때문이다. 우리가 사용하는 말을 섬세하게 살펴보는 것은 단지 '프로불편러'의 일이 아니라, 자신을 돌아보고자 하는 모두의 몫이다. (110쪽)

크론병을 앓고 있는 안희제 작가가 쓴 《난치의 상상력》의 한 구절이다. 나는 이 말에 적극 동의한다. 자신의 말을 돌아볼 줄 알고, 되도록 그 누구에게도 해가 되지 않는 언어를 사용하려 애쓰는 이가 많아질 때, 우리 사회의 편견과 차별의 수위 역시 낮아질 것이라 믿는다.

2장:

돌본다는 것

입원 기간 짧은
병원이 어디예요?

유방암 진단을 받고 가장 많이 의지하고 있는 곳 중 하나가 유방암 환우들의 온라인 카페다. 진단 전의 불안을 다스리는 것부터, 치료 과정에 대한 정보, 후유증에 대한 이해까지 정말 많은 도움을 받았다. 그런데 유방암 환우 카페를 둘러볼 때마다 종종 접하게 되는 게시글이 있었다. 바로 이런 것들이다.

"유방암이래요. 부분 절제 수술해야 하는데 입원 기간은 얼마나 될까요? 아이를 맡겨야 해서요."

"시댁도 친정도 아이를 돌봐줄 형편이 안 되는데 수술 후 얼마나 빨리 일상생활 가능할까요?"

'엄마' 유방암 환자들은 암 수술을 앞두고도 자신의 건강이 아니라 자녀들의 돌봄 문제를 고민하고 있었다. 나도 예외는 아니었다. 기숙사 생활을 하는 아이가 있기에 아이가 집에 오는 금요일에는 회복된 모습으로 엄마의 자리를 지키고 싶었다. 아이에게 병을 숨기진 않았지만, 내가 아파서 아이의 일상이 어그러지는 것은 정말 싫었다.

방사선 치료실에서도 비슷한 상황이 벌어지곤 했다. 대기하면서 우연히 한 젊은 엄마 환자가 치료 스케줄을 잡는 이야기를 들은 적이 있었다. 이 엄마 환자는 "아이가 유치원에서 3시에 집에 오는데 그 전에 치료 스케줄을 좀 맞춰

주실 수 있을까요?"라고 읍소를 했다. 다행히, 치료사는 엄마 환자의 간절함을 이해했고 "되도록이면 오전으로 잡아볼게요"라고 답해주었다. 그 모습에 내가 다 안도했던 기억이 있다.

나는 이런 모습들을 볼 때마다 눈물이 핑 돌았다. 동시에 암 투병을 했던 엄마의 모습이 자꾸만 겹쳐졌다.

돌봄받는 사람이
돌보는 세상

엄마는 내가 신혼일 때 직장암 말기 진단을 받으셨다. 병원에서는 6개월 정도밖에 살 수 없다고 했지만, 임상 시험을 포함한 항암 치료를 견뎌내신 엄마는 2년 가까이 우리 곁을 지켰다. 수술은 불가능한 상태였기에 엄마는 격주로 항암 치료를 받으면서 지냈다. 항암 주사를 맞으면 그 일주일은 메스껍고 기운이 쑥 빠지는 상태로 계시다가, 주사를 맞지 않는 그다음 주는 어느 정도 일상생활이 가능한 컨디션이 되곤 했다.

엄마는 항암 치료를 받으러 병원에 들어가기 전엔 늘 아버지를 위한 반찬들을 준비해놓았다. 때로는 당시 임신 중이었던 내게 여러 먹거리를 가져다주시기도 했다. 항암 치료를 하고 한창 힘든 시기에도 아버지가 밥을 잘 챙겨 먹었는지, 내가 입덧 때문에 못 먹고 다니는 건 아닌지 늘 걱정했다. 하지만, 엄마가 항암 치료로 무언가를 잘 먹지 못할 때, 아버지는 엄마를 직접 돌보기보다 엄마의 자매들에게 도움을 청했다. 그럴 때면 이모들이 우리 집에 와 음식을 만들고 엄마를 돌봤다. 엄마를 돌보는 일은 함께 살던 아버지가 아니라 집안 여자들의 몫이었다.

그 후 16년이 지나, 내가 암에 걸리자 또다시 비슷한 상황이 연출됐다. 수술 후 집에 돌아와 회복에 집중해야 하는 시기에 나의 먹거리 등을 실질적으로 책임진 건 남편이 아닌 시어머니였다. 어머님은 내가 수술 전 검사를 받으러 병원에 다니던 때부터 우리 집에 오셔서 몸에 좋다는 여러 가지 음식을 해주셨고, 집안 살림이나 아이 그리고 강아지를 돌보는 일에 신경 쓰지 않고 회복에 집중하도록 많은 배려를 해주셨다. 지금도 무척이나 감사드린다.

한편 남편은 (적어도 겉보기엔) 자신의 일상을 성실히 살아냈다. 출근하고, 등산도 하고, 회식 자리에도 가고 별다른 변화가 없었다. 물론, 남편도 내게 많은 정성을 쏟은 걸 알고 있다. 얕은 잠을 자는 내가 밤에 잠을 설치지 않도록 배려도 해주었고, 직장에서도 내가 식사를 잘 챙겼는지 확인하곤 했다. 하지만 누군가를 돌볼 때 해야 하는 자질구레한 일들과 각종 살림은 대부분 어머님의 몫이었다.

 '아내' 환자들이 '배우자'의 돌봄을 제대로 받지 못하는 것은 나의 주관적인 경험만은 아닌 듯하다. 2019년 삼성서울병원과 국립암센터의 공동 연구에 따르면 암 환자가 남편일 경우 86.1퍼센트가 아내로부터 신체적인 도움을, 84퍼센트가 정서적인 지지를 받았다. 반면, 암 환자가 아내일 경우, 남편으로부터 신체적인 도움을 받았다고 응답한 비율은 36.1퍼센트, 정서적 지원은 32.9퍼센트에 불과했다. 기혼 여성 암 환자들은 남편으로부터 채워지지 않는 신체적 도움을 딸(19.6퍼센트) 아들(15퍼센트), 며느리(12.7퍼센트)에게서 구했고, 정서적 지지는 딸(28.5퍼센트)과 아들(17.7퍼센트)에게 의지했다. 돌봄에서 젠더 차이가 뚜렷함을 잘 보여주는 자료였다(조한진희,《돌봄이 돌보는 세계》, 118쪽에서 재인용).

돌봄은
여성만의 것일까

도대체 왜 여성들은 아프면서도 가족을 돌볼 걱정을 하면서, 정작 자신이 아플 땐 동거하는 남성으로부터 돌봄받는 게 이토록 어려운 걸까? 이는 뿌리 깊은 가부장제의 시각에서 조성된 '돌봄=여성의 몫'이라는 공식이 여전히 우리 사회를 지배하고 있기 때문일 것이다.

가부장제는 이분법과 위계를 핵심으로 한다. 남성, 경쟁과 독립, 문명 등을 한 묶음으로, 여성, 돌봄과 의존, 자연 등을 한 묶음으로 보고 세상을 이분화한다. 그러고는 앞의 것은 우월한 것으로, 뒤의 것은 열등한 것으로 위계 짓는다. 이렇게 바라보는 세상에서 돌봄은 여성의 것인 동시에 열등한 것으로 여겨져왔고, 이는 우리 사회 전반에, 남성은 물론 여성들의 무의식 속에도 깊이 자리하게 되었다.

그런데 정말로 돌봄이 여성의 일일까. 가부장제의 관점에서 벗어나 세상을 바라보는 페미니스트들은 일찍이 영유아부터 노인에 이르기까지 누군가에게 의존하지 않고 살아갈 수 없음을 강조해왔다. 사람은 서로 의존하며 관계 속에 살아간다. 매일 식사 준비를 하고, 청소를 하고, 빨래를 하는 돌봄 행위 없이는 우리는 삶을 영위할 수 없다. 돌봄 없이는 자본주의 사회에서 그토록 선망하는 돈을 얻기 위한 노동을 제대로 할 수 없고, 심지어 생존도 불가능하다. 스스로와 타인을 돌볼 줄 알아야만 인간은 생존하고 관계 맺으며 살아갈 수 있다. 돌봄은 여성의 몫이 아니라 인간이라면 모두가 지켜야 할 덕목인 것이다.

그런데도 우리 사회는 돌보지 못하는 남성들의 모습을 너무나 자연스럽게 받아들인다. 자신의 끼니조차 잘 챙겨 먹지 못하는 혼자 사는 남성을 위해 국가가 밥을 배달해야 한다는 목소리가 나오고, 아내를 간병하는 남편 이야기는 '위대한 미담'이 된다. 반면, 여성들은 아플 때조차 다른 가족들의 돌봄을 걱정해야 한다. 암 치료의 현장에서 다시금 경험한 이런 모습들에 나는 서글퍼지곤 했다.

평등한 돌봄을 위하여

다행히도 코로나19 사태 후 돌봄의 가치에 대해 새로운 시각들이 등장하고 있긴 하다. 전 세계적인 재앙 앞에서 돌보는 일이 얼마나 중요한지 경험한 후, 돌봄 경험을 쓴 에세이들과 돌봄이 보편적 가치가 되어야 한다는 주장을 담은 책들이 출간되고 있다.

특히, 남성의 돌봄 경험을 담은 책들이 눈에 띄는데 이런 책들은 돌봄이 여성의 것이라는 편견을 덜어내는 데 도움이 될 듯하다(하지만, 돌봄은 여성들이 훨씬 더 많이 담당하는데 왜 남성의 돌봄 경험에 대한 책이 유독 눈에 띄는지 생각해볼 필요가 있다. 남성들의 돌봄 경험은 특별한 것이지만, 여성의 돌봄 경험은 이미 일상이기에 굳이 책으로 펴낼 이유가 없기 때문은 아닐까). 남성 육아 휴직도 보편화되고 있다. 고용노동부 자료에 따르면 2024년 남성 육아 휴직자의 비율이 전체 육아 휴직자 중 31.6퍼센트로 처음으로 30퍼센트를 돌파했다. 지난 2015년 5.6퍼센트였던 것에 비하면 무려 9배나 늘어난 셈이다.

아직 갈 길이 멀긴 하지만, 돌봄의 영역에서 성별화가 완화되는 이런 흐름이 나는 무척 반갑다. 나아가 이런 흐름이 사회 전체로 퍼져나가 돌봄 자체를 늘 염두에 두는 세상이 된다면 얼마나 좋을까 상상해본다.

페미니스트 정치철학자 낸시 프레이저는 이런 상상을 '보편적 돌봄 제공자 모델'로 구체화했다. 프레이저에 따르면 지금의 세계는 '남성 생계 부양자 모델'을 기반으로 구성되어 있다. 임금노동만 하고 돌봄노동은 하지 않는 남성들을 표준으로 한 사회라는 것이다. 이런 사회에서 '돌봄'은 예외적인 일이기 때문에 돌봄이 필요해지면 돌봄받는 이에게도, 돌봄을 제공해야 하는 이에게도, 그리고 그들이 속한 직장에도 불편한 상황이 벌어진다. 그래서 많은 이가 자신이 아프거나 타인을 돌봐야 할 때 '미안해'한다. 의존과 돌봄을 하찮게 여긴 가부장 사회가 남긴 아픔이라 할 수 있다.

'보편적 돌봄 제공자' 모델은 이런 아픔을 바로잡는다. 이 모델은 임금노동과 돌봄노동을 함께 행하는 인간상을 표준으로 하기에 돌봄은 모든 시민의 일로 상정된다. 이렇게 되면 일터는 '누구나 돌볼 사람이 있다'는 가정하에 구성될 수밖에 없다. 노동자들은 자신이 아프거나, 타인을 돌봐야 할 때 눈치를 보지 않아도 된다. 질병이 있더라도 몸이 허락하는 만큼 일할 수 있는 문화가 형성될 것이다. 아픈 여성들이 돌봄받으면서 미안해할 일도, 남성 보호자의 돌봄이 어색하고 낯설 이유도 없다.

이런 사회에서는 학교의 풍경도 달라질 것 같다. 지금처럼 경쟁에서 이겨 좋은 대학, 좋은 직장에 다니는 것만이

'인재'의 기준이 되지 않을 것이다. 돌봄도 삶의 중요한 가치임을 배우고, 자기 자신과 타인을 돌보며, 자신의 꿈을 키워갈 수 있는 그런 교육이 이뤄지지 않을까. 생각만 해도 마음이 따뜻해진다.

부디 이런 세상이 왔으면 좋겠다. 그래서 아픈 엄마들이 입원 기간이 짧은 병원을 찾지 않아도 되기를, 아픈 이들 누구나 미안해하지 않고 돌봄받을 수 있기를, 누군가를 돌보는 일이 성별에 상관없이 자연스럽고 당연한 것이 되기를 간절히 바란다.

돌봄받는데
왜 불편할까

나와 같은 호르몬 양성 유방암 환자들은 치료를 마친 후에도 암세포가 여성 호르몬과 만나는 걸 차단해주는 '타목시펜' 성분의 약을 5년에서 10년 정도 매일 복용해야 한다. 나는 12시간 간격으로 하루 두 번 복용하는 약을 처방받았다. 나는 약 복용을 잊지 않기 위해 스마트폰에 알람을 설정해두고 지낸다.

어느 날 남편과 저녁 식사를 하고 있는데 알람이 울렸다. 나는 밥을 먹다 말고 약을 먹는 것이 싫어서 식사 후 약을 먹을 생각으로 알람을 껐다. 그리고 식사를 마치고 설거지까지 한 뒤 반려견과 산책을 하다가 생각이 났다. 약을 먹지 않았음이! 나는 당황해서 남편에게 "어떡하지? 나 아직 약 안 먹었나 봐"라고 말했다. 그랬더니 남편은 나를 책망하듯이 말했다.

"아니, 좀 잘 챙겨 먹지. 그게 네 생명줄인 거 몰라?"

나는 남편의 말투에 그만 화가 나고 말았다. "잊을 수도 있지. 그걸 가지고 이렇게 사람을 죄인 취급해? 게다가 약 한 번 잊은 거 가지고 '생명줄'이라니, 왜 더 불안하게 만들고 그래?" 하고 소리를 지르고 말았다. 그러자 남편은 내게 이렇게 말했다.

"도대체 어디에 장단을 맞추라는 거야? 내가 무심하면

서운하다고 하고, 챙겨주면 화난다고 하고."

남편의 반응이 감정적이고 서툴긴 했지만, 이 말은 돌봄받는 나의 모습을 돌아보게 했다. 사실 남편의 지적은 매우 옳았다. 알아서 해주길 바라면서 안 해주면 서운해하고, 막상 해주면 자존심 상해하는 상황이 반복되었고, 돌봄받는 일은 내게 편하지 않았다. 돌보는 남편 역시 불편했을 것이다.

어딘가 불편한
돌봄의 세계

유방암 환우회를 통해 알게 된 친구도 나와 비슷한 이야기를 했다. 남편이나 가족들이 자신을 챙겨주지 않으면 서운하다가도 막상 이것저것 권하면 짜증이 난다는 거였다. 얼마 전 만난 내 친구는 누군가한테 돌봄받으면서 생명을 유지하고 싶지는 않다며 "내가 혼자 밥해서 먹을 수 있을 때까지만 살면 좋겠어"라고 말하기도 했다. 강아지와 둘이 사는 한 이웃 할머니는 "내가 이 강아지를 돌보지 못하고, 남에게 폐 끼치기 전에 죽어야 한다"는 말을 종종 하신다.

도대체 우리는 왜 돌봄을 원하면서도 이토록 불편해할까? 철학자 에바 페더 키테이는 《돌봄: 사랑의 노동》에서 돌봄을 주고받는 의존 관계의 특징에 대해 이렇게 적었다.

> 의존노동자(키테이는 '돌봄제공자'를 타인의 의존을 받아내는 노동을 한다는 의미에서 '의존노동자'라고 표현했다 — 저자 주)와 대상자 모두 의존 관계를 지배 관계로 전환시킬 수 있다. 의존노동자는 취약한 대상자를 지배하기 수월한 위치에 있다. […] 대상자는 거짓으로 필요를 만들거나 의존관계를 통해서 형성된 필요, 관심, 그리고 필요를 남용함으로써 독재자처럼 행동할 수 있다. (89쪽)

생각해보니 정말 그랬다. 돌봄은 종종 '지배 관계'라는 느낌을 받게 했다. 나는 돌봄이 필요할 때 남편이 챙겨주지 않으면 원하는 것을 할 수 없었다. 내게 주로 필요했던 신체적 돌봄은 수술한 오른쪽 팔의 움직임이 제한되는 것과 관련이 있었다. 특히, 팔을 위로 올리거나 등 뒤로 돌리는 게 힘들어 한동안은 옷을 입고 벗을 때마다 남편의 도움이 필요했다. 그래서 되도록 남편이 집에 있을 때만 샤워를 하고 옷을 갈아입었다. 남편이 회식이라도 하는 날이면 옷을 갈아입고 씻는 일이 고역이었다. 소소한 생활을 남편에게 의존했고, 나는 일상이 통제당한다는 느낌을 받았다.

남편도 비슷했을 것 같다. TV를 보거나 게임을 하다가도 내가 부르면 달려와야 했고, 회식이나 저녁 약속도 전처럼 마음 편하게 가지는 못했을 것이다. 그 역시 나로 인해 자신의 삶이 통제당한다고 느꼈을 것 같다. 나의 아이가 전적으로 돌봄에 의존했을 때를 돌아봐도 그렇다. 아이가 어렸을 때, 주 양육자였던 나는 아이의 욕구를 나의 욕구보다 우선할 수밖에 없었고 종종 나는 아이가 내 삶을 쥐고 있다는 생각이 들곤 했다.

이처럼 돌보는 이와 돌봄받는 이는 서로가 서로를 구속하게 된다. 돌봄의 이런 측면이 돌봄을 바라면서도 막상 돌봄을 받으면 불편한 상황을 만들어낸다.

'환자다움'이라는 프레임

또 한 가지, 돌봄받는 이의 '고유성'에 대한 존중이 부족

한 것도 돌봄이 불편한 이유가 아닐까 싶다.

　질병을 경험하는 방식은 사람마다 모두 다르다. 나의 경우 유방암은 '암 환자'라는 정체성으로 다가왔고, 질병 자체와 죽음에 대한 공포보다는 정체성이 손상되는 두려움이 더 컸다. 하지만, 어떤 유방암 환우에겐 질병 자체가 더 큰 공포일 수 있다. 또 초기 질환이더라도 죽음과 밀접하게 연결시키는 사람들도 있다. 치료 과정에서 느끼는 두려움과 변화를 받아들이는 마음도 다 제각각이다.

　심리적인 부분만이 아니다. 실제로 같은 유방암이고 비슷한 부위를 수술했다 해도 느끼는 통증이나 부작용의 정도는 모두 다르다. 나는 수술 부위엔 별다른 통증이 없었지만, 어떤 환우는 수술 부위의 통증 때문에 힘들어했다. 방사선 치료 후 나타나는 부작용도 개인마다 천차만별이다. 어떤 환우는 피부 발적을 가장 괴로워했고, 또 다른 환우는 기침이 가장 힘들다고 호소하기도 했다. 나는 근육과 신경이 섬유화돼서 팔이 당기고 저린 증상이 제일 힘들었다.

　이처럼 같은 질환을 앓더라도, 보기에는 비슷한 장애를 겪고 있더라도, 사람마다 이를 경험하는 심리적, 신체적 경험은 매우 다양하다. 그런데도 많은 경우 돌봄은 '환자면 이러이러하다'는 추측, '아프니까 이런 건 하면 안 돼'라는 고정관념에 기대어 행해지는 경우가 많다. 이런 돌봄은 돌봄받는 이의 개인적인 욕구들을 무시하고 '환자다움'을 강요하기도 한다.

제대로 된 돌봄은 아픈 사람의 경험에서 다른 점이나 특별한 점을 인식하며, 그래서 돌봄을 받는 사람은 자기 삶이 귀중히 여겨진다고 느낀다. (80쪽)

아서 프랭크가 《아픈 몸을 살다》에 적은 이런 돌봄을 나는 간절히 원했다. 내가 유방암 수술을 하고 어떤 감정들을 느꼈고, 어떤 경험을 하고 있는지, 판단하지 않고 들어주는 그런 돌봄이 내게는 무척 필요했다.

하지만, 암 이야기 자체를 터부시하는 사회에서 내가 겪는 고유한 경험들을 털어놓을 대상은 별로 없었다. 오히려 나의 이야기가 주변인들에게 민폐가 될까 봐 전전긍긍하거나, 암 환자에 대해 선입견을 지닌 사람들의 반응 속에서 나 자신이 수치스럽다는 생각을 했다.

조금 더
당당해져도 돼

하지만 나는 이런 내 마음에 저항감이 일었다. 돌봄이 자연스럽게 흐르는 세상을 꿈꾸면서 돌봄을 수치스러워하다니 나 스스로가 모순되게 느껴졌다. 그러던 중 다음 문장을 발견했다.

돌봄은 다양한 필요와 욕구가 충돌하는 장이고, 정의로운 돌봄이 가능한 사회를 만들기 위해서는 여러 입장을 가진 주체들이 공론장에 등장할 수 있어야 한다. 이들이 돌봄 공론장에서 경험하는 하나의 주체가 될 때, 돌봄을 주고받는 관계에서 발생하는 예속과 불평등 문제가 제대로 담론화될 수 있다. (조한진희, 《돌봄이 돌보는 세계》, 120~121쪽)

나는 이 구절을 보고 무릎을 탁 쳤다. 내가 원하는 돌봄을 요구할 수 있다면, 그러니까 '주체적으로' 돌봄을 받는다면, 수치심도 줄어들고 고유한 경험도 좀 더 존중받을 수 있겠다 싶었다. 그러기 위해 무엇을 할까 고민하다 내가 선택한 것은 '원하는 것을 구체적으로 말하기'였다.

그래서 나는 남편에게 주문했다. "내가 약 먹는 걸 잊었다고 화를 내는 건 내가 원하는 돌봄이 아니야. 그냥 '먹었니?'라고 물어봐주거나 알람이 울리면 나한테 약 먹는 시간이라는 걸 상기시켜줘." 또, "'생명줄'이라든지, '너 암이야' 같은 말로 불안을 조장하지 말고 나를 안심시키는 반응을 해줘"라고도 말했다. 내가 재발에 대한 두려움을 호소할 때는 화제를 바꾸지 말고 그냥 내 이야기를 들어주기만 하면 된다고도 했다.

신체적인 부분에 대해서도 그랬다. 한동안 나는 팔이 불편한 걸 남편이 알고 있으니 내가 샤워를 하겠다고 하면 알아서 도와주러 오기를 바랐다. 하지만 '알아서 해주는 일'은 많지 않았고, 나는 그때마다 서운해했다. 하지만, '구체적으로 말하기'로 다짐한 후엔 그냥 "나 샤워할 거니까 내 말 들리는 데 있어줘", "밖에 택배 온 거 좀 안으로 옮겨놔줘"라고 말했다.

그러고 나니 돌봄받는 것이 그다지 자존심 상하는 일처럼 느껴지지 않았다. 내가 원하는 걸 당당히 말하고 그대로 돌봄을 받으니, 덜 의존적인 것 같아 마음이 놓였다. 남편 역시 내 마음을 살피느라 마음 쓸 일이 줄어서 보다 자신감이 생긴다고 했다. 남편과 나 사이에서 어색한 돌봄은 이렇게 조금씩 자연스러워졌다.

하지만, 나는 여전히 누군가에게 의존하는 부분이 많아졌다는 것이 불만스러웠다. 사실 내가 한 이런 노력들은 의존적이고 수동적이라는 느낌을 없애려는 것이나 다름없었다. 이는 나 역시도 가부장제에서 분류한 이분법적 시각, 그러니까 의존과 돌봄을 열등한 것으로 보는 그 시각을 내면화하고 있다는 증거이기도 했다. 의존하고 돌보는 게 삶의 근간임을 깨달았음에도 내 안에 깊이 박힌 가부장제의 시각이 나를 사로잡고 있었던 것이다. 이런 내 모습을 알아차린 후 나는 다시금 질문해보았다.

'의존이 정말 나쁜 걸까?'

나는 이 의문을 풀기 위해 인간의 독립과 의존에 대해 이야기한 심리학 이론들을 다시 찾아 읽었다. 그러다 발견했다. 의존과 독립에 대해 심리학을 오해하고 있었음을, 심리학 이론조차도 가부장 사회의 관점―의존과 독립을 대립되는 것으로 보고 의존을 열등하게 보는 그 시각―으로 바라보고 있었음을 말이다. 이런 시각으로 지금까지 상담 전문가로 일해왔다고 생각하니 부끄러움이 밀려왔다.

독립과
의존 사이

상담심리사이자 페미니스트로서 내게 가장 중요한 가치 중 하나가 '평등'이다. 몇 해 전 나만의 상담소를 열면서 이렇게 다짐했었다.

'내게 평등이란 생명을 가진 모든 존재가 있는 그대로 존중받는 것. 상담사로서 내담자들이 자기 자신으로 있는 그대로 존중받으며 살 수 있도록 돕자.'

나는 이를 실천하는 과정에서 많은 보람과 기쁨을 느껴 왔다. '자기 자신'으로 살아가기 위해 반드시 거쳐야 하는 과정 중 하나가 바로 '독립'이다. 가족으로부터, 성장 과정에서 만난 다양한 사람으로부터, 속한 사회로부터 내가 받은 영향을 알고 진짜 나의 모습을 왜곡하는 부분들을 분리해내는 것, 그리고 이들과 거리를 두는 작업이 '독립'을 향한 중요한 과정 중 하나다.

그런데 이런 과정을 거쳐 독립을 성취한 내담자들에게 의도하지 않은 다른 변화들이 이어지곤 했다. 바로 '독립' 한 후에 '의존'도 잘하게 됐다는 점이다. 내가 만났던 많은 내담자는 자기 자신으로 살아가게 되면서 타인과의 관계가 더 좋아졌고, 편하게 의존하는 모습을 보였다. 전에는 어떻게 생각할까 걱정하면서 도움을 청하지 못했던 일들에 대해서도 도움을 잘 청하게 됐고, 이웃에 대한 관심이 늘었다. 또한, 타인의 의존을 잘 받아들이게 됐다.

나는 이런 현상들이 '독립'과 동시에 자존감이 올라갔기 때문이라고 믿었다. 하지만, 암에 걸리고, 의존에 대한 나의 선입견을 알아차린 후, 이런 현상을 다른 시선으로 보게 되었다.

의존해야
독립한다

도널드 위니콧은 소아과 의사이자 정신분석가로 사람이 자기 자신이 되어가는 심리적 과정을 연구했다. 그가 발견한 독립된 한 사람이 되어가는 중요한 조건 중 하나가 바로 '충분히 좋은 엄마good enough mom'다.

그에 따르면 '충분히 좋은 엄마'는 아이의 욕구에 적절하게 응해준다. 아이는 이를 통해 존중받는 경험을 하고, 전능감을 느낀다. 하지만, 아무리 좋은 엄마라도 아이의 욕구를 항상 완벽하게 조율해주지는 못한다. 아이는 성장하면서 점차 욕구 조율에 실패하는 경험을 하게 되고, 이를 통해 현실적인 자아를 찾아가게 된다. 그런데 이때 좌절을 잘 견디기 위해 필수적인 것이 바로 '전능감'의 경험, 그러니까 돌봄을 통해 자신의 욕구를 충족하는 경험이다. 즉, 아이는 전적으로 의존하는 경험을 통해 좌절을 견뎌내는 힘을 기르게 된다.

위니콧은 이렇게 아이가 전적으로 의존하는 경험 속에서, '참 자기'를 발달시킨다고 했다. '참 자기'는 내가 어떤 사람인지에 대한 느낌이고 진정한 자신에 대한 감각이다. 있는 그대로 괜찮다는 안정감과 생기가 느껴지는 자기다. 사람은 이를 발달시킬 수 있을 때 '나답다' 느낀다. 하지만 의존이 제대로 되지 않으면, 즉 엄마가 아이의 욕구를 잘 조율해주지 않거나 조건을 걸거나 평가적인 잣대로 아이를 대한다면, 아이는 엄마에게 맞춰 '거짓 자기'를 발달시킨다. 그러니까, 양육자가 요구하는 모습으로 살아가면서 사랑을 갈구하게 되는 것이다.

위니콧만이 아니다. 유아가 양육자로부터 분리되는 과정을 연구한 대상 관계 심리학자 마거릿 말러도 유아가 양육자에게 완전히 의존하는 '공생 관계'가 충분히 제공된 후에 '분리-개별화'로 나아갈 수 있다고 했다. 인간중심상담의 칼 로저스도 '무조건적 긍정적 존중', 그러니까 전적으로 존중받는 경험이 한 사람이 '자기 자신이 되어가는' 중요한 조건이라고 했다. 의존은 독립된 자기로 살아가는 필수 조건인 셈이다.

반대로, 독립해 주체적 자기가 되면 사회와 더 잘 연결되고 타인과 연대함을 밝혀낸 학자들도 있다. 대표적인 학자가 바로 알프레트 아들러다. 아들러는 '개인심리학'에서 진정한 자기 자신으로 살아가는 사람은 사회적 관심을 가지고, 타인을 돕고 싶은 마음이 생기며, 동시에 타인에게 도움을 더 잘 요청하게 된다고 했다.

이처럼 독립과 의존은 서로 반대가 아니다. 의존을 통해 독립된 주체로 살아가게 되면 타인에게 관심이 생기고 더 잘 의존할 수 있게 된다. 의존과 독립은 서로 시너지를 일으키는 관계인 것이다.

돌고 도는
의존과 독립

'함께하는 독립과 의존'은 상담 현장에서도 늘 일어난다. 상담실에 오는 내담자들은 상담자에게 '의존'하러 온다. 그러면 나는 이들이 나에게 의존하면서 힘들었던 감정들을 안전하게 재경험하도록 돕는다. 이렇게 의존하는 경험을 통해 내담자는 '독립'해가며 점점 더 '자기 자신'이 되어간다.

하지만, 내담자들만 의존하는 것이 아니다. 나 역시 다양한 내담자의 사연을 들으며 그들의 사연 속에서 나 자신을 발견하고, 내담자들이 치유되는 모습을 보면서 스스로를 치유하기도 한다. 정신분석학파 중 하나인 융 학파에서는 이런 현상을 '상처받은 치유자'라 명명했다. 즉, 타인을 돌봄으로써 나도 돌봄을 받는 현상이 일어난다는 것이다. 사실, 나는 늘 알고 있었다. 내담자들이 나를 성장시키고 있음을 말이다.

암 치료 과정에서도 그랬다. 남편은 나를 돌보는 사람이었지만, 나를 돌보면서 '돌보는 법'을 배울 수 있었을 것이다. 이는 남편의 관계적인 영역을 확장해주었을 테다. 반대로 나는 남편에게 의존함으로써 돌봄을 받는 걸 배울 수 있게 됐다. 이런 글을 쓸 수 있게 된 것도, 남편에게 의존하고 돌봄받았던 경험 덕분이고, 나는 기존의 '건강'과 '독립' 중심의 시야에서 벗어날 수 있었다. 우리는 이렇게 의존하고 돌보면서 스스로를 확장시키며 더 주체적인 사람이 되어갔다.

남을 돌보는 것도 능력

그런데도 우리는 왜 여전히 '독립'을 좋은 가치로, '의존'을 나쁜 가치로 바라보고 있는 것일까. 나는 이것이 뿌리 깊은 가부장 문화, 그리고 신자유주의의 문화 속에서 '독립'만이 가치 있는 것으로 왜곡되어왔기 때문이라고 생각한다.

가부장 문화와 신자유주의 문화가 결합한 지금의 사회는 가부장 사회에서 우월하게 간주되어왔던 남성적 가치들(독립, 성취, 경쟁 등)을 선망한다. 경쟁에서 이겨 성취해내고, 그 결과로 자본을 얻고, 이를 통해 독립적으로 살아가는 사람을 '이상적인 사람'으로 여긴다. 이런 시각이 주가 되는 사회에서는 윤리적 판단 역시 원칙과 정의, 성과에 의해서 행해지는 경우가 많다.

하지만, 페미니스트이자 심리학자인 캐럴 길리건은 이런 윤리적 잣대가 전체적 맥락을 보지 못한다고 말한다. 길리건은 그동안 심리학에서 정설로 받아들여진 도덕성 발달이 남자아이들 위주로 연구되어온 것에 의문을 품고,

여자아이들의 도덕성 발달을 연구했다. 그리고 여성은 윤리적 판단을 옳고 그름에 대한 객관적인 기준보다는 상황과 맥락에 따라 유연하게 적용함을 발견했다. 특히, 상대방의 취약성을 고려해 윤리적 판단을 내린다는 것이다.

이를 기반으로 길리건은 남성의 도덕성 발달만을 표준으로 하는 윤리는 '도덕적 맹목이나 무관심을 낳는다'며 돌봄과 보살핌에 기반한 윤리가 함께 적용되어야 한다고 주장했다. 또한 사람들이 서로 의존하는 존재임을, 개인은 취약성을 지니고 있음을 고려해 윤리적 판단을 해야 한다고 강조했다. 이것이 바로 '보살핌 윤리'다.

'보살핌 윤리'가 세상에 스며든다면 어떤 일이 벌어질까? 서로가 취약함을 인정하고, 상대의 상황을 배려하는 게 기본이 되면서 서로 의존하고 돌보는 일 역시 자연스러워질 것이다. 나아가 돌봄에 관한 대담집 《우리의 관계를 돌봄이라 부를 때》에서 의사 홍종원이 이야기한 다음의 인간상이 자립의 기준이 될 것이다.

> 인간의 자립은 단순히 경제적으로 독립하는 게 아니라, 남을 돌볼 수 있는 능력을 확립하는 일이에요. (34쪽)

나는 이 말에 적극 공감한다. 잘 의존하고, 잘 돌보는 능력을 확립해 독립된 자기 자신으로 살아가는 이가 많아지길, 그래서 '있는 그대로' 존중하고 존중받는 '평등'이 실현될 수 있기를 간절히 바란다.

돌봄에도
거리가 필요해

그렇다면 어떻게 하면 서로 더 잘 의존하고 또 잘 돌볼 수 있을까? 나는 이에 대한 답이 도널드 위니콧이 던졌던 다음 질문에 대한 답을 찾는 것과 일맥상통한다고 생각한다.

어머니의 돌봄 안에서 자신을 잃지 않고 스스로를 발견할 수 있는 방법은 무엇일까? 아동이 모성적 자원들을 유지하면서 자신을 분리시키는 방법에는 어떤 것이 있을까? 자신을 고갈시키지 않으면서 의사소통을 하고, 타자에게 함몰되지 않으면서 스스로를 발견할 수 있는 방법은 없을까? 타인에게 착취당하지 않으면서 관계를 맺으려면 어떻게 해야 할까? 다른 사람들과 고립되지 않은 채로, 자신의 인격의 핵을 유지할 수 있는 방법은 과연 무엇일까? (송주연,《이 선 넘지 말아 줄래요?》, 184쪽)

위니콧의 이 질문에 대한 답은 나 자신, 그리고 타인과 적절한 거리를 유지하는 데 있다고 할 수 있다. 지금 내가 처한 정서나 상황에 매몰되지 않고, 자기 자신을 온전한 한 사람으로 인식할 수 있는 능력, 그리고 타인 역시 '한 사람'으로 볼 수 있는 능력이 필요한데 이것을 가능하게 하는 것이 바로 적절한 '거리'다.

하지만 우리는 종종 어떤 사건이나 감정에 (특히, 부정적인 감정에) 매몰되어 자기 자신을 전체로 보지 못한다. 타인과의 관계에서도 상대방의 상황에 압도당해 전체를 보지 못하는 경우가 많다. 암 치료를 받는 동안 나 역시도 매몰된 상태를 경험했다.

나도 나를
돌봐야 한다

방사선 치료를 받는 동안 나는 피로감과 무기력감에 종종 누워서 지내곤 했다. 그때 '돌봄'에 대해 공부하고 있는 한 동료로부터 안부 전화가 왔다. 나는 동료에게 푸념을 했다.

"방사선 치료가 사람을 엄청 피곤하게 만들거든요. 무기력해지고 처져서 아무것도 할 수가 없어요. 누워서 지내는 시간이 너무 많아졌는데 이런 제가 한심해서 견딜 수가 없어요."

그러자 동료는 이렇게 말했다.

"쉬는 것도 내가 나를 돌보는 거야. 쉴 땐 맘 편히 쉬어야

지. 근데 진짜 누워서만 지내? 아무것도 안 하고?"

이 동료의 말은 내가 잊고 있던 것을 상기시켰다. 바로 '자기 돌봄'이다. 내가 취약한 상태이긴 하지만, 나 스스로도 나를 돌볼 수 있는 부분이 있다는 것. 이 사실을 나는 잊고 있었다. 암 진단을 받은 후, 누군가가 나를 '암 환자'로 바라보는 것은 그토록 싫어했으면서 정작 나는 나를 '환자'로만 대했던 것이다.

사람들은 어려움에 처하거나 정서적으로 힘든 상황에 있을 때 이에 매몰되어 잘 기능하고 있는 자신의 다른 모습은 쉽게 잊어버린다. 하지만, 질병 경험 중에도, 어려움 속에서도, 정서적으로 불안하거나 우울한 가운데에서도 우리는 여전히 일상을 살아내고 있다. 이 전체로서의 온전한 나를 바라볼 수 있어야, 지금 처한 상황이나 감정에 휩쓸리지 않고 스스로를 지켜갈 수 있다. 이를 위해 필요한 것이 바로 거리를 두고 자기 자신을 바라보는 것이다.

내가 상담실에서 내담자들을 종종 도왔던 이 방법을 나 자신에게 적용해보기로 했다. 이럴 땐 나를 '나의 가장 친한 친구'로 바꿔서 생각해보는 것이 좋다. 나는 나의 '베프'가 나와 같은 상황이라면 어떻게 대해줄지를 상상해봤다.

그러자 답이 나왔다. 만일 내 친구가 방사선 치료로 피곤하고 무기력해 힘들어한다면 '마음 편히 쉬라'고 조언해줄 것 같았다. 나는 이걸 나 자신에게 해주기로 했다. 그래서 나는 방사선 치료로 인한 피로감을 '당당하게 게으름피우는' 계기로 삼기로 했다. 잘 쉬는 게 나를 돌보는 일이라는 동료의 말을 기억하면서 피로감이 몰려올 땐 그냥 실컷 빈둥거렸다.

  동시에 나의 '기능적인 면'도 찾아보았다. 쉬는 시간이 전보다 많아지긴 했지만, 여전히 상담자로서 일하고 있었고, 정기적으로 송고하는 원고들도 쓰고 있었다. 하루 두 번 하는 강아지 산책도 거르지 않았고, 아이가 오는 주말에는 아이의 식사도 챙기고, 이야기도 나누고, 엄마로서의 역할도 해내고 있었다. 방사선 치료로 인한 부작용에 사로잡혀 지낸 것만은 아니었던 것이다. 그러자 무기력하게 지낸다며 스스로를 탓하던 마음이 엷어지면서 조금씩 생기를 되찾을 수 있었다.

암 환자여도
엄마는 엄마

 '자기 돌봄'을 위해 내가 나를 전체적으로 조망할 수 있는 나와의 거리가 필요하다면, 돌보는 사람과 돌봄받는 사람 사이에는 어떤 거리가 필요할까? 나는 이 관계에서도 서로를 '한 사람'으로 바라봐주는 거리가 필요하다고 생각한다.

 나의 내담자였던 지영 씨는 상담 기간 중 어머니가 자궁암 진단을 받았다. 어머니와 각별했던 지영 씨는 무척 불안해하면서 어머니가 사라질까 봐 두려워했다. 어머니는 수술과 항암 치료를 받았다. 하지만, '어머니가 사라지는 일'은 벌어지지 않았다. 어머니는 항암 치료를 받고 며칠간 쉬고 나면 평소와 다름없이 생활하셨다.

 내담자는 어머니의 항암 치료에 동행하고, 어머니가 힘들 때 곁을 지켰지만, 여전히 어머니에게 의지하고 삶의 여러 조언을 구할 수 있었다. 어머니를 돌보면서도 지영 씨는 자신의 일상을 잘 유지해갔다. 지영 씨는 상담이 끝날 무렵 이렇게 말했다.

"암 환자여도 엄마는 엄마더라고요."

지영 씨가 어머니를 돌보면서도 삶의 균형을 유지할 수 있었던 건 어머니를 '암 환자'로만 보지 않고 '한 사람'으로 바라볼 수 있었기 때문이었다.

돌봄은 많은 에너지가 필요한 일이다. 아픈 이를 위해 자신의 신체를 내주어야 하는 것은 물론, 정서적 지지를 위한 에너지도 써야 하고, 시간도 제공해야 한다. 이는 돌봄 제공자를 지치게 하고 소진되게 한다. 피로와 소진이 누적되면 돌봄 제공자는 종종 '자기 자신을 잃어버리는' 경험을 하게 된다. 아이를 전적으로 돌보는 많은 엄마가, 노부모를 돌보는 자녀들이 '내 삶은 없는 것 같다'고 느끼는 이유는 바로 이 때문이다.

이렇게 자신을 갈아 넣는 돌봄은 돌봄 제공자와 돌봄 대상자 모두에게 위험하다. 돌봄 제공자가 '돌보는 일'에만 매몰되어 자신의 삶이 사라졌다고 느끼고 이런 상태를 견딜 수 없게 되면 '간병 살인'과 같은 비극적인 일이 벌어지기도 한다. 또한, 돌봄 관계에서는 종종 지나친 의존으로 돌봄 제공자와 돌봄 대상자 모두가 자기 자신을 잃어버리는 '공의존' 상황이 벌어지곤 한다.

'공의존'은 '서로가 서로를 구속하는 의존'으로 상대방을

'나 없으면 살 수 없는 상태'로 만들어놓는다. 겉으로는 헌신처럼 보이지만, 상대방을 완전히 자신에게 의존하게 해 자신의 힘을 과시하려는 무의식적 욕구가 깔려 있다. 이런 상태에서는 돌봄을 주고받는 이 모두가 자기 자신으로 살아가기 힘들다.

이를 방지하기 위해 꼭 필요한 것이 바로 돌봄 대상자를 '환자'가 아닌 일부에서 도움이 필요한 '한 사람'으로 바라볼 수 있는 정서적 거리다. 사실 암 환자인 내가 그렇듯, 나의 내담자 지영 씨의 어머니가 그랬듯, 질병이나 장애가 돌봄 대상자의 전부는 아니다. 영어에서 'cancer patients(암 환자)'라는 직접적인 표현보다는 'people with cancer(암을 가진 사람)'라고 이야기하는 게 더 올바른 표현으로 여겨지고 있는 것도 이 때문이다.

돌보는 이를, '전체적인 한 사람'으로 바라볼 수 있는 거리에 있을 때, 돌봄 제공자는 돌봄 대상자가 가진 질병이나 장애에 압도당하지 않고 자기 자신을 지킬 수 있다.

돌보는 이를
돌보는 사회

그렇다면, 이 '거리'를 지켜가기 위해서는 무엇이 필요할까. 돌봄 제공자가 자신을 잃어버리지 않는 거리를 유지하고, 돌봄 대상자 역시 자기 돌봄의 역량을 잃어버리지 않는 거리를 지켜가기 위해서 나는 사회가 나서야 한다고 생각한다.

《돌봄: 사랑의 노동》에서 에바 페더 키테이는 그리스 시대의 산모 도우미 '둘라'를 예로 들어, 산모가 아이를 잘 돌볼 수 있도록 산모를 돌보는 '둘라'의 역할이 매우 중요하다고 강조한다. 그리고 돌보는 이가 의존인을 잘 돌볼 수 있도록 돌보는 건 사회적 책임이고, 이것이 돌봄이 가진 공공 윤리의 핵심이라고 했다.

나는 실제로 이런 사회를 만난 적이 있었다. 캐나다 밴쿠버에서 2년 정도 거주할 때였다. 당시 나는 '다문화여성가족 지원센터'에서 한국인들을 위한 집단상담을 진행했었다. 그때 다양한 이유로 이민을 선택한 여성들을 만났다. 그중에는 장애가 있는 자녀를 둔 엄마가 여럿 있었다.

이들은 한결같이 캐나다의 복지 정책 때문에 이민을 택했다며 캐나다 정부에서는 장애 아동은 물론, 돌봄 제공자인 부모를 지원해준다고 했다. 집단상담에 참여하는 것도 정부에서 '돌봄 제공자'를 위해 쓸 비용과, 돌봄 제공자가 자기 자신을 위한 시간을 갖는 동안 아이를 돌봐주는 서비스를 제공해줬기 때문이라고 했다. 이들은 이런 지원 덕에 아이를 돌보는 일이 한국에서보다 훨씬 수월하고, 스스로의 삶도 가능해졌다고 했다.

키테이가 말한 돌봄의 공공 윤리가 실현되는 모습이었다. 나는 이런 사회가 되면, 우리가 서로에게 의존하고 돌보면서도 자기 자신을 잃지 않는 삶을 살아갈 수 있을 거라 생각한다.

어쩌면 독립과 의존 사이에 균형을 잡는 일은 평생토록 고민해야 할 심리적 숙제인지도 모르겠다. 위니콧을 비롯해 많은 심리학자가 질문을 던졌고, 그에 대한 답을 찾아주고 있지만, 실제로 이를 실천하는 것은 그리 쉽지 않으니 말이다. 그렇기 때문에 나는 사회가 함께 변해야 한다고 생각한다.

돌봄의 공공 윤리가 사회의 근간이 되어, 누군가를 돌보면서도 나를 잃지 않을 수 있다는 믿음이 확산된다면, 또한 돌봄을 받고 의존하는 것이 개인의 삶을 침해하지 않음을 경험할 수 있다면, 독립과 의존 사이에 균형을 잡아가는 일이 조금은 수월해질 테니 말이다.

3장:

함께한다는 것

나라는 너를
만나는 시간

'이젠 이전의 삶으로는 돌아갈 수 없구나.'

암 진단을 받았을 당시 이런 예감을 했었다. 하지만 암 치료가 끝난 뒤 나는 이전과 별다를 바 없는 생활을 하는 듯했다. 피로감과 무기력 때문에 일의 양을 줄이긴 했지만, 상담자로서 내담자들을 만나고 있었고, 여전히 원고를 쓰고 있었다. 가정에서도 크게 달라진 건 없었다. 나는 암을 진단받기 이전으로 완전히 돌아갔다고 생각했다. 내게 안부를 묻는 사람들에게 "암 수술하고 했던 일들이 꿈인 것 같아"라고 말하기도 했다.

그런데 모든 치료가 끝나고 석 달이 지났을 때, 평소의 나라면 하지 않을 행동을 하고 말았다. 내가 홍보위원장을 맡은 모임에서 오랫동안 공들인 중요한 행사가 있었다. 그 어느 때보다 홍보가 중요한 시점이었다. 그런데 단톡방에 올라오는 톡을 읽고 싶지가 않았고, 여러 사람을 만나 회의를 하는 것 자체가 힘에 부친다는 느낌이 들었다. 나는 결국 톡이 수백 개가 쌓이도록 읽지 않고 있다가, '힘들어서 쉬고 싶다'는 말만 남기고 모임에서 빠져나왔다. 나 때문에 모임이 피해를 보는 것만 같아 견딜 수 없었지만, 그 일을 계속하는 것도 견딜 수가 없었다.

어느 정도 무기력에서 벗어났다고 생각했는데, 이런 나

를 도무지 이해할 수가 없었다. 임상적인 우울 증상인 것 같아 겁이 났다.

나 자신을 애도하다

그러던 중 책《새벽 세 시의 몸들에게》를 읽다가, 메이가 쓴 부분에서 나의 상태를 설명할 언어를 찾았다.

심각한 병이 가져오는 변화와 문제를 열거하자면 끝이 없을 테지만, 질병 상황에서 아픈 사람이 마주한 과제를 어쩌면 이렇게 요약해볼 수도 있겠다. 달라진 삶을 사는 것, 또는 '그 이후'를 사는 것이라고 […] 다른 편의 삶에 도달하는 과정은 상실을 수용하는 과정이기도 하고, 이전과는 다른 삶의 모습을 더듬어가는 과정이기도 하다. (148쪽)

바로 이거였다. 나는 '상실'을 경험하고 '애도'하고 있는 중이었다.

나는 암에 걸리기 전까지 삶을 원하는 대로 꾸려갈 수 있다고 믿어왔다. 잘 계획하고 노력하면 무엇이든 할 수 있을 것이라 생각했다. 실제로 나는 삶의 많은 부분을 내 의지대로 살아내고 있었다. 기자라는 첫 꿈을 이룬 것도, 상담자로의 진로 전환도, 상담소 개소도, 그리고 글을 쓰는 일도 내가 원해서 이뤄낸 것이었고, 앞으로의 삶도 그럴 수 있을 것 같았다.

하지만, 암은 이런 것들이 당장에 중단될 수도 있음을 알려줬다. 나는 언제든 병에 걸릴 수 있는 나약한 한 생명일 뿐이며, 내 의지로 했던 일들이 내 의지와 상관없이 끝이 날 수 있음을 생생히 경험했다. 더 이상 '노력하면 원하는 삶을 꾸려갈 수 있는 강한 나'가 아니었다. 앞으로의 내 삶엔 재발과 죽음에 대한 불안이 늘 도사리고 있을 터였다. 즉, 나는 이전의 나에 대한 상像, 그러니까 '건강하고 강한 나'에 대한 상을 상실한 셈이었다. 우울과 무기력은 이런 '상실'에 대한 '애도' 반응이라 할 수 있었다.

이를 깨닫자 나 자신이 안쓰럽게 느껴졌다. 상실을 겪은 이들을 따스하게 대해주듯, 나 자신도 그렇게 대해줘야 할 것 같았다. 애도 중인 이들에게 가장 필요한 건 자신의 슬픔에 충분히 머무르고, 이를 자기만의 방식으로 표현하는 것이다. 무기력과 우울이 상실로 인한 슬픔의 표현이라면,

이를 충분히 허용해야 했다. 이렇게 나의 반응을 '애도'로 이해하자, 스스로를 받아들이기가 한결 나았다. 마음의 이유를 알고 내게 '쉼'을 허락하자, 훨씬 편히 쉴 수 있었다.

내 몸은 더 이상 도구가 아냐

그러자 전엔 알지 못했던 내가 보였다. 바로 나의 몸이었다. 가만히 있는 시간이 많아지자, 몸의 감각들이 이전과는 다른 느낌으로 다가왔다. 누워 있다 보면 몸의 어디가 저린지, 어느 부분이 쑤시는지, 어제 부딪힌 발가락의 상처가 이불에 걸리적거리는 건 아닌지 하나하나 신경이 쓰였다. 바쁘게 지낼 때는 그냥 무시하고 지나갔던 내 몸의 반응들이었다.

몸이 이렇게 섬세한 느낌을 전한다는 게 낯설면서도 경이로웠다. 사실, 나는 상담자로서 늘 '마음'이 삶의 중심이라고 여겨왔다. 마음만 평온하다면, 몸의 증상들은 얼마든지 조절 가능하다고 생각해왔고, 부차적인 것이라 여겨왔다. 암 진단을 받고도 암으로 인해 고생할 내 몸을 생각하기보다는 '암 환자'라는 정체감이 더 심각하게 다가왔던 것도 이런 마음의 연장선이었을 테다.

하지만 아프면서 생생한 몸을 느끼다 보니 내가 내 몸을 도구화해왔음을 알게 됐다. 내게 중요한 건 내가 추구하는 '가치'였고 몸은 이를 실행하는 수단일 뿐이었다. 그러면서 이 도구는 고장 나지 않는 것이 당연하다고 생각했다. 하고픈 것들을 해야 하는데 몸이 쉬고 싶다는 사인을 보내면, 카페인을 들이부으면서 채찍질을 해왔다. 운이 좋게도 나의 몸은 이런 채찍질에도 잘 버텨줬고, 크게 고장 나지 않은 채 지내왔던 것이다.

그런데 '암'이라는 큰 병에 걸리고 이 도구가 언제든 완전히 고장 날 수도 있음을 체험하자 비로소 알 것 같았다. 내가 그토록 중요하게 생각해온 마음이, 그리고 나의 정체감이라는 것이 모두 이 '몸'이라는 그릇에 담겨 있음을 말이다. 《숨결이 바람 될 때》에서 폴 칼라니티가 쓴 다음 문장이 이제야 마음에 와닿았다.

> 우리의 정체성은 뇌로만 결정되는 것이 아니다. 누구나 그 정체성을 궤적으로 보여주는 신체 안에서 살 수밖에 없다.
> (165쪽)

몸이 없으면 나의 정체감도, 마음도 없다고 생각하니, 내 몸과의 관계를 재설정하지 않을 수 없었다. 늘 우선순위에서 밀리곤 했던 몸을 위한 것들, 그러니까 운동, 식사, 휴식 등을 일상에서 반드시 해야 하는 일 목록에 넣었다. 특히, 운동하는 시간을 우선적으로 설정하고, 다른 일과나 약속들이 생겨도 운동 시간은 되도록 피해서 잡았다. 원고를 쓰다 중단하기 싫다고, 내담자들의 시간에 맞춘다고 대충 때우거나 불규칙했던 식사 시간도 일정하게 유지하려고 애썼다. 그랬더니 만성적이었던 변비가 사라졌고, 10년 넘게 늘기만 했던 몸무게도 줄기 시작했다. 피부도 조금 더 밝아졌다.

내 몸 다정하게 대하기

하지만, 나는 이제 안다. 이렇게 내가 내 몸을 잘 대해주는 것이 반드시 '건강한 삶'을 가져오지는 않는다는 것을 말이다. 이런 노력에도 불구하고 나는 여전히 늙고 죽을 수밖에 없는 '나약한 존재'이고, 질병은 또 언제든 아무 이유 없이 찾아올 수 있다. 그래서 내 몸을 돌보는 것이 질병이 오는 걸 막고, 노화를 늦추는 결과로 이어지지 않을 수 있다는 걸 늘 기억하려 했다. 내가 내게 해주는 것들은 질병과 노화를 '통제'하려는 것이 아니라 그저 나를 '다정하게' 대하고 이를 통해 보다 나은 일상을 살기 위한 것임을 마음에 새겼다.

그러자 자유로워진 기분이 들었다. 건강했을 때의 나는 내 의지로 내가 괜찮은 사람이라는 걸 증명해야 했다. 이만큼 성취해내고, 열심히 살고 있다는 걸 계속 확인하고, 이를 통해 인정받고자 했다. 하지만, 나는 이제 계획한 대로 미래가 펼쳐지지 않을 수 있다는 걸 분명히 알고 있다. 몇 년 후의 더 나은 '성공'을 위해 나를 몰아세워봤자, 그 미래가 오지 않는다면 무슨 소용이란 말인가.

중요한 건, 지금 여기서 나 자신에게 충실한 것, 그것뿐이었다. '충실함'의 의미도 이전과는 달라졌다. 암에 걸리기 전 내게 '충실함'은 무언가를 성취해내고, 주어진 역할들을 잘 해내는 것이었다. 하지만, 약한 나를 받아들이고 나니 알 것 같았다. 나의 욕구, 특히 그동안 무시해왔던 나의 신체적 욕구를 돌보는 것, 지금 여기에서의 감각에 깨어 있는 것 역시 나에게 '충실한' 길임을 말이다.

이를 깨닫고 나니 거짓말처럼 우울감이 옅어지기 시작했다. 물론 여전히 나는 많이 쉬고, 적게 일한다. 소파에 누워서 드라마를 보거나 책을 읽으며 하루를 보내기도 하고, 집안일을 미뤄두기도 한다. 하지만, 이젠 이런 일상이 우울하지는 않다.

나는 더 이상 예전의 내가 아니다. 40년 넘게 스스로 개념화했던 부지런하고 성실하며 계획성 있게 뭐든 잘 해내는 그런 존재가 이젠 아니다. 나는 죽음이라는 삶의 목적지를 받아들일 수밖에 없는, 언제든 아플 수 있고, 또한 점차 나이 들어가는 연약한 생명체, 그 이상도 그 이하도 아니다. 이전의 나를 떠나보내고 이 진실을 수용하는 것은 우울감을 가져왔을 만큼 힘든 일이었지만, 결국 받아들일 수밖에 없었다.

그리고 지금 나는 이전보다 가볍고 자유로워졌다. 또한 나를 좀 더 잘 돌보게 되었다.

사랑해서
더 어려운 일

2024년 방영된 tvN 드라마 〈엄마 친구 아들〉은 치료 중이던 내게 여러 가지 메시지를 준 드라마였다. 이 드라마의 주인공 석류(전소민 분)는 미국에서 일하던 중 위암 진단을 받는다. 그런데 석류는 이를 한국의 가족들에게 알리지 않는다. 부모님과 남동생, 어린 시절부터 함께했던 친구들과 좋은 관계를 유지하고 있는데도 말이다. 미국에서 치료를 마치고 귀국한 후에도, 아무에게도 말하지 않는다.

그러다 '절친' 승효(정해인 분)에게 들키게 되고 결국 석류의 가족들도 모두 알게 된다. 위암 투병 사실이 알려진 날, 석류는 엄마 품에 안겨 이렇게 독백한다.

나는 사실 그때 승효에게 제일 먼저 전화하고 싶었다. 넘어져서 무릎이 까졌을 때처럼 엄마한테 전화해 울고 싶었다.
(9회)

내가 이 장면을 본 것은 방사선 치료를 마치고 우울감과 무기력감 때문에 힘들었던 때였다. 나는 석류의 이 독백에 그만 눈물이 터져버렸다. 왜 석류가 친밀한 사람들에게 암 투병 사실을 그토록 숨기려 했는지 너무나 잘 이해가 되었다. 나 역시 암 치료 과정에서 힘들었던 것 중 하나가, 바로 애착이 형성된 친밀한 가족과의 관계였기 때문이다.

새 차가 나보다
더 중요해?

나는 친정 부모님이 모두 돌아가셨다. 결혼 후에도 부모님께 의지하면서 지내는 친구가 많지만, 두 분 모두 떠나신 내게 실질적인 애착 대상은 남편뿐이다. 암 진단을 받았을 때도, 나와 함께 이 소식을 접하고 치료 방법 등에 대해 상의하고 함께한 유일한 존재가 바로 남편이었다.

남편은 우리의 결혼기념일 날 맞닥뜨린 암 진단에 나보다 의연하게 대처했다. "치료 방법이 있는 암이고, 아직 크기가 작으니 열심히 치료받자"며 나를 다독였고, 정신이 '멍'한 상태로 있는 나 대신 각종 검사와 수술 스케줄을 조율했다.

그런데 남편은 암 선고를 받고 첫 저녁 식사를 하던 그때, 나의 말문을 막아버렸다. 나는 밀어닥친 불안과 두려움, 왠지 모를 미안함 등 복잡한 나의 마음을 남편에게 털어놓고 싶었다. 말로 표현하고 나면, 조금은 덜 두려울 것 같았다. 하지만 내가 이런 이야기를 꺼내려던 찰나, 남편은 이렇게 화제를 바꿨다.

"나 차 바꾸려고. 시승 예약해놨어. 이 색이 예쁘지 않아?"

그러면서 내게 스마트폰으로 검색한, 사고픈 차의 사진을 보여주었다. 암 선고를 받고 2시간이 채 되지 않았을 때였다. 이런 상황에서 '새 차'가 떠오르다니 나는 어이가 없었다. 지금 내게 닥친 상황이 남편에겐 '별로 중요하지 않구나' 하는 생각이 들었고, 나의 기분과 생각들을 알고 싶어 하지 않는 것 같았다. 그날 나는 불안과 두려움에 더해 서운함까지 가득 안은 채 밤새 뒤척였다.

이후로도 남편은 비슷했다. 치료 스케줄을 소화해내는 내내 나는 남편에게 내 기분을 말하기가 어려웠다. 때로는 따뜻하게 나를 안아주면서 "이겨낼 수 있다"고 말해주곤 했지만, 나는 이런 말보다 내 감정에 귀 기울여주기를 바랐다. 하지만, 남편은 내가 정서적인 이야기를 꺼내면 곧장 화제를 바꾸거나, 침묵하거나 둘 중 하나였다. 그럴 때마다 내 마음엔 서운함만 쌓여갔다.

무서우니까
피하는 거야

도대체 남편은 왜 이러는 걸까. 이 질문이 머릿속을 떠나지 않았다. 갈등을 피하고 싶어 하는 나의 성향상 서운하다는 말을 남편에게 하지 못했다. 가뜩이나 수술과 방사선 치료로 에너지가 바닥인데, 남편과의 갈등을 감당할 힘도 없었다. 내가 아프면서 우리 부부가 정서적으로 더 멀어진 것만 같아 속상했다.

그러던 어느 날이었다. 남편의 지인 부부에게 벌어진 일을 들었다. 갑작스럽게 아내가 뇌종양 진단을 받았는데 매우 예후가 좋지 않은 암 종류였다고 했다. 남편은 이 이야기를 나에게 전하며 이렇게 반복했다.

"진짜 무서울 것 같아. 나라면 너무너무 무서울 것 같아. 진짜 무서워."

평소 약해 보이는 감정 표현을 잘 하지 않는 남편이 '무섭다'라는 표현을 반복해 나는 적잖이 놀랐다. 그리고 남편이 다른 가족들이나 집안의 어르신들이 아플 때 어떤 반응을 보였는지가 떠올랐다. 남편은 가까운 이들이 아프거나 세상을 떠날 때 마음껏 슬퍼하기보다는 일상에 몰두하는 방식으로 그 시기를 지나오곤 했다.

이런 모습들을 떠올리고 나니 남편의 마음이 짐작이 갔다. 아마도 남편에겐 인간의 취약성을 목격하거나 받아들이는 게 보통의 사람들보다 더 큰 두려움으로 다가왔던 것 같다. 이런 남편에게 아내의 암 진단은 취약성을 정면으로 맞닥뜨리는 일이었을 테다. 남편에게 나의 암 진단은 일종의 공포였던 것이다.

그래서 암 진단을 받은 날 '새로 뽑을 차'를 생각하고, 내가 불안과 두려움을 이야기하려 할 때마다 대화를 피하며 공포를 떨쳐내려 하지 않았을까. 남편의 이런 마음을 다 알 수는 없지만 성장 과정에서 형성된 부분이 있을 것이다. 동시에 사회의 영향도 꽤 컸을 것 같다. "여전한 전통적인 성 역할과 가부장 사회의 규범 때문에 남성들은 찾아올 붕괴를 두려워하며 그저 바쁘게 지내기를 선택한다(《누군가의 곁에 있기》, 119쪽)"는 애도상담 전문가 고선규의 표현에 딱 맞아떨어지는 모습이었으니 말이다.

게다가 남편과 나는 20년 가까이 '애착 대상'으로 지내온 사이다. 심리적으로 애착이 형성된 관계에서는 정서적 파급 효과가 매우 크다. 애착은 '사랑'이라는 단어로도 모자란 매우 특별한 정서적 교류다. 애착 관계에서는 상대방에게 자신의 감정을 던져 대신 느끼게 만들기도 하고, 반대로 상대방의 감정을 고스란히 전달받기도 한다. 이런 과정을 통해 사람들은 자기 자신이 어떤 감정을 힘들어하고 회피하는지 알아가며 스스로를 확장해갈 수 있다.

아마도 나는 나의 두려움을 남편에게 고스란히 투사했을 것이고 남편은 이를 전달받았을 것이다. 남성에게 나약함을 허용하지 않는 가부장적인 사회 문화적 배경 속에서 성장해온 남편에겐 내가 던진 두려움을 수용해내는 게 무척 힘든 일이었을 테다.

그러니까 암 치료 과정에서 남편과 나 사이에 오갔던 감정들은 우리 사이의 정서적 거리가 멀어서가 아니라 단단하게 '애착하는' 관계였기 때문이었던 것이다. 드라마 속 석류가 가까운 이들에게 자신의 병을 알리지 않은 이유도, 가족들이 정서적 쓰나미를 겪어내는 게 힘들 거라 예상했기 때문이었듯 말이다. 석류는 자신의 위암 투병 사실을 알게 된 가족들의 반응에 이렇게 말한다.

엄마 울지, 아빠 쩔쩔매지, 동진이까지 하얗게 질려서 다 내 눈치만 보고 있다니까. 내가 아주 불편해 죽겠어. 내가 다 이럴 줄 알고 비밀로 한 건데. 아무도 내 깊은 뜻을 몰라주냐.
(10회)

석류의 가족들은 남편과는 반대로 두려움을 지나치게 표현해 석류를 힘들게 한 셈이었다. 저마다의 심리적 기제에 따라 반응이 다 다르긴 하지만, 애착이 형성된 가까운 사이에서 교류하는 정서적 무게는 결코 가볍지 않다. 아픈 이들이 가족이나 애인 등 '애착하는' 대상 앞에서 애써 '괜찮은 척'하는 건 뒤얽히는 감정들이 너무나 찐득하기 때문일 것이다.

어둠도
우리의 일부임을

하지만, '애착하는' 대상과 솔직한 정서적 교류를 할 수 없는 것은 내가 그랬듯, 정서적인 고통을 가중시킨다. 그렇다면 어떻게 하면 가까운 사람과 정서적으로 더 잘 연결될 수 있을까. 나는 페마 초드란의 다음 말이 답이라고 생각한다.

> 우리 자신의 어둠을 잘 알고 있을 때만, 우리는 다른 사람의 어둠과 함께 있을 수 있다. 《돌봄이 돌보는 세계》, 53쪽)

만일, 남편이 자신의 '어둠'을 알고 있었다면 어땠을까. 자신이 취약성을 받아들이는 게 힘들고, 이를 회피하려는 성향이 있음을 알아차리고 내게 "나는 누군가 아픈 걸 보는 게 힘들어서 피하고 싶어. 네가 아프다니 이건 공포스러운 일이야"라고 이야기했다면, 나는 남편에게 그다지 서운해하지 않았을 것이다. 오히려 나만큼이나 남편도 두려워하고 있다는 사실에 강한 연결감을 느꼈을 것 같다.

내게도 '어둠'이 있었다. 어린 시절, 부모님의 불화가 잦았던 나는 늘 '정서적 따뜻함'을 갈망해왔다. 특히 상담심리사로서 오래 일해오면서 '마음'에 몰두해 있었다. 그래서 정서적 지지만이 최고라 여기며 신체적인 부분이나 현실적인 면을 등한시해오곤 했다. 하지만, 지금 돌아보면, 남편이 해준 현실적인 지지들 역시 너무나 중요한 것들이었다. 남편은 병원과 관련된 각종 업무를 처리해줬고, 아이의 행사에 나 대신 함께해줬다. 내가 신체적인 도움을 요청하면 곧바로 응답해줬다. 아마도 이런 돌봄이 없었다면 회복하는 데 더 오랜 시간이 걸렸을 것이다.

《돌봄, 동기화, 자유》에서 무라세 다카오는 이렇게 적었다.

> 돌봄의 묘미는 하나의 행위를 두 사람이 함께하는 과정에서 그때까지 몰랐던 '나'가 등장하는 것이라고 생각한다. (238쪽)

암 치료 과정에서 나는 남편이 취약성을 두려워하는 사람임을 알았고, 내가 정서적 지지를 얼마나 갈망해왔는지 뚜렷이 알 수 있었다. 의존하고 돌보는 관계를 통해 남편과 나 둘 다 자기 자신에 대해 잘 알게 된 것이다. 이전까지는 '몰랐던 나'가 등장한 셈이다. 그리고 자기 자신에 대해 잘 아는 것, 특히 자신이 피하고 싶어 하는 어두운 면을 안다는 게 돌봄 관계에서 얼마나 중요한지도 알 수 있었다.

남편과 나는 암을 겪어내면서 이렇게 스스로와 서로에 대한 이해를 조금 더 넓혔다.

있어주기만 해도
괜찮아

난 어떻게든 널 일으켜 세울 생각만 했지, 너랑 같이 쓰러질 생각은 못했어. 미안해, 내가 그 때 네 아픔에 공감하지 못했어. 있는 그대로의 너를 내가 받아들이지 못했어. (10회)

드라마 〈엄마 친구 아들〉에서 유일하게 석류의 암 투병 과정에 함께했던 애인 현준(한준우 분)이 석류의 이별 통보를 받아들이며 한 말이다.

아픈 이들이 바라는 건 이런 관계일 것이다. 함께 쓰러져 주고, 두려움과 불안에 같이 머물러주는 것 말이다. 하지만, 앞서 적었듯 가까운 관계에서는 오히려 '함께 쓰러지는 것'이 불가능하다. 친밀한 관계에서는 서로의 정서가 투사돼 아픈 상대의 모습을 있는 그대로 보아주기 어렵기 때문이다.

애착이 형성되는 가족이나 가까운 사이에서 이러한 상호 작용이 가능하려면, 서로의 어둠을 투사하지 않을 만큼 각자가 자기 자신에 대해 잘 알고 있어야 한다. 나 역시 아픈 후 애착이 형성된 가까운 이들에게 '함께 있어주는' 느낌을 받기까지는 각자의 심리적 역동을 이해하는 시간이 필요했다.

그런데 아무런 준비 없이, 심지어 얼굴도 모르는데 나와 함께 머물러준 이들이 있었다. 바로 온라인상의 환우회, 그리고 SNS를 통해 알게 된 '낯선 이들'이었다.

모르는 사람이
아는 내 마음

건강검진센터에서 '모양이 안 예쁜' 멍울을 발견한 바로 그날부터 나는 스마트폰으로 '유방암 환우' 카페를 엿보곤 했다. 유방암에 대한 정보와 치료 후기, 서로를 응원하거나 불안한 마음을 나누는 글 등 다양한 글이 많이 올라와 있었다. 회원으로 가입하지는 않았지만, 일부 글들은 읽을 수 있었다. 그 글들만으로도 나는 꽤 많은 정보를 얻을 수 있었다.

그럴수록 전체 공개가 되지 않은 조금 더 내밀한 글들을 읽고 싶어졌다. 하지만, 이상하게도 이 무렵 나는 환우회 까페에 가입하고 싶지가 않았다. 환우회에 가입하는 것 자체만으로도 '암 환자' 정체성이 더 강해지는 느낌이 들었고, 한편으로는 내가 이들과는 다르기를 바랐던 것 같다.

그 대신, 나는 유방암 환우의 개인 블로그와 인스타그램

등에 올라온 글들을 열심히 읽었다. 개인적인 이야기를 용기 있게 써 내려간 글들에서 많은 위안을 얻었다. 그러다 한 블로그를 발견했는데 나와 비슷한 연령대 여성의 유방암 치료 후기였다. 자신의 일을 하면서, 또 엄마로 살아가면서 유방암 치료를 받는 그분의 이야기는 치료를 받으면서도 일상을 살아갈 수 있다는 희망을 주었다.

더 신기했던 건 이분이 운영하는 책방이 우리 집에서 멀지 않은 곳에 있다는 점이었다. 실제로도 이웃이었던 것이다. 나는 댓글에 수술을 앞두고 있는 유방암 환자라고 나를 소개하고, 조심스레 연락처를 남겼다. 그러자 이분도 댓글로 자신의 연락처를 남겨주었다.

마침내 수술 날이 다가왔다. 수술 전날 입원을 했는데, 하필 그날이 아이가 서울에서 중요한 시험을 치르는 날이었다. 남편은 아이와 함께 서울에 가 있었고, 나는 혼자 입원 수속을 밟았다. 처음엔 '혼자만의 시간을 즐기자'라는 생각으로 있었지만, 병실에 홀로 있게 되자 두려움이 밀려왔다. 눈물이 계속 흘렀고, 온갖 무서운 상상이 다 떠올랐다.

병원 지하에 있는 원내 성당에 앉아 마음을 가라앉혔지만, 병실에 올라오자 다시 눈물이 차올랐다. 그때 나는 일

면식도 없던, 블로그로 알게 된 그 이웃이 떠올랐다. 뭐라도 잡는 심정으로 그분께 카톡으로 '지금 입원했는데 너무 무섭다'고 남겼다. 그러자 전화가 걸려왔다.

처음 듣는 그분의 음성은 참 따뜻했다. 그분은 나의 두려움을 들어주었고, 수술과 수술 직전 검사들에 대한 경험담을 나눠주었다. 그렇게 통화를 하면서 나는 눈물이 멈췄고 마음이 안정되기 시작했다. 누군가 나의 마음을 알고 있다는 것, 그것만으로도 큰 힘이 되었다. 그렇게 나는 마음을 가라앉혔고 잠도 잘 수 있었다.

우리는 당신의
고통을 압니다

이후로도 나는 걱정과 두려움이 밀려올 때마다 그분께 연락을 드렸고, 그때마다 큰 힘을 얻었다. 방사선 치료까지 모두 마치고, 추석을 앞두고 있었던 어느 날, 나는 이분이 운영하는 책방에 찾아갔다. 함께 샌드위치를 먹으며 전화와 블로그로는 못다 한 소소한 이야기들을 나누었다. 내 마음과 진정으로 맞닿아 있는 그 느낌이 참 좋았다. 그제

서야 별로 입 밖으로 내고 싶지 않았던 '환우'라는 말이 정겹게 느껴졌다.

그 후 나는 전체 공개된 글들만 엿보고 했던 유방암 환우들의 온라인 모임에 가입했다. '유방암 이야기'에서는 정보들을 얻을 수 있었고, 채팅 베이스인 '핑크 아미'에서는 소소한 일상과 마음들을 나누었다. 오프라인 모임까지 참여할 만큼 적극적인 관계를 맺지는 않았지만, 가족들이나 가까운 지인들에게는 애써서 설명해야 하는 나의 상태를 '척하면 척' 알아듣는 환우들이 참 고마웠다. 나를 걱정할까 봐 애써 괜찮은 척하지 않아도 되고, 혹은 내 마음을 잘 몰라주는 것 같아 서운해하는, 그런 심리적 에너지를 소모할 필요가 없었다.

이들은 《아픈 몸을 살다》의 저자 아서 프랭크가 암 투병 중 원했던 바로 그 메시지를 나에게 보내고 있었다.

우리는 당신의 고통을 압니다. 두려움과 불안을 받아들입니다. (114쪽)

서로의 고통을 알아주는 이런 관계를 통해 나는 가족과 지인들의 돌봄 속에서도 종종 들던 '외롭다'는 생각에서 벗어날 수 있었다. 이것이 바로 '연결감'이었다.

'연결감'은 인간의 가장 기본적인 심리 욕구 중 하나다. 심리학자 리처드 라이언과 에드워드 데시는 연결감을 자율성, 유능감과 함께 인간의 가장 기본적인 심리적 욕구로 꼽았다. 사람은 자신의 의지로 선택할 수 있고(자율성), 내가 할 수 있다는 믿음(유능감)이 있으며, 타인과 연결되어 있다는 느낌(연결감)을 받을 때 내재적 동기를 가지고 무엇인가를 할 수 있다는 것이다.

암을 진단받고 치료 과정을 거치면서 나는 나약하고 취약한 나의 모습과 정면으로 마주했다. 이런 나를 직면하면서 내 의지로 할 수 있는 일이 많지 않음을 깨달았고(자율성 상실), 스스로 건강을 유지할 수 있다는 믿음이 사라졌다(유능감 상실). 자율성과 유능감 모두 손상된 것이다. 또한, 취약한 모습을 가까운 이들에게 있는 그대로 드러내기 힘든 상황들에서 '연결감'마저 점차 사라지고 있었다.

이 '연결감'을 되살려준 곳이 바로 온라인상의 환우회와 블로그를 통해 알게 된 암 환우 이웃이었다. '내가 혼자가 아니라는 느낌'은 큰 심리적 안정감을 주었다. 게다가 환우들과의 관계에선 취약성을 마음껏 드러내도 괜찮았다. 우리 모두는 '암 환자'임이 전제된 곳이었기 때문이다. 환우들과의 관계를 통해 되살아난 연결감은 자율성과 유능감이 사라진 시기 나 자신을 유지할 수 있는 버팀목이 되어주었다.

다른 종에게서 받는 위로

한편, 나는 연결감의 또 다른 차원도 경험했다. 바로 나의 반려견 라온과의 연결감이었다. 라온은 내가 암 진단을 받았던 때로부터 딱 1년 전에 유기견 보호소에서 입양한 반려견이다. 퇴원해 돌아와서 집에서 회복하는 시간을 보내면서 나는 라온이와 24시간을 함께 지냈다. 그러면서 이 작은 강아지가 내게 '감응'해주는 능력이 보통이 아님을 알게 됐다.

라온이는 내가 우울해하거나 슬퍼할 때, 갑자기 눈물이 날 때면 어느샌가 나타나 내 얼굴이며 손을 핥아댔다. 자다가도 내가 흐느끼는 소리를 내면 눈을 동그랗게 뜨고 내 얼굴을 쳐다보곤 했다. 그 표정과 몸짓이 마치 "엄마 마음 다 알아요"라고 말해주는 것 같았다. 동시에 나는 라온이를 돌봐야 했다. 라온이의 끼니를 챙겨야 했고, 하루 두 번 꼬박꼬박 산책을 나가야 했다. 공놀이도 해주고, 노즈워크도 해줘야 했다.

그런데 참 신기하게도 라온이를 위해 무언가를 하거나 라온이와 놀 때만은 암으로 인한 걱정들이 마음속에서 사라졌다. 지금 여기서 신나게 노는 라온이의 마음이 그대로 나에게 전해지는 듯했고, 그때만은 우울감이나 무기력에서 벗어나 웃을 수 있었다.

도나 해러웨이가 말한 '감응가능성'이 우리 사이에 존재한 것이었다. 페미니스트이자 과학자인 해러웨이는 저서 《종과 종이 만날 때》에서 다른 종 사이에서 완전한 이해는 불가능하지만 서로가 상대에게 응답하고 있다는 것을 느끼는 능력인 '감응가능성'이 있기에 서로 공감할 수 있다고 했다.

이는 상대방과 내가 완전히 다름을 받아들이고, 그럼에도 상대를 이해하기 위해 온전히 상대의 감정에 주의를 기울이고, 그가 보내는 사인에 응답하는 능력이다. 즉, 서로를 너무 잘 알기 때문에 자신의 감정을 상대에게 던지는 투사가 오고 가는 가까운 관계에서의 정서 교류와 반대되는 것이라 할 수 있다.

감응가능성을 살리기 위해서는 서로를 민감하게 관찰하고 이에 응답하는 능력이 필요하다. 라온이는 나의 작은 정서 변화에 민감하게 반응했고, 나는 그 반응에 응답하면서 라온이가 즐기고 있는 지금-여기에서 느끼는 기쁨과 환호에 함께할 수 있었다. 이는 그 어느 관계보다 내게 편안함을 주고, 나를 현재에 살게 했다.

이는 아주 큰 연결감이었다. 사람만이 아니라 동물, 혹은 자연과도 연결될 수 있다는 이 느낌을 바쁘게 지낼 때는 인지하지 못했다. 하지만, 수술 후 회복하는 동안 라온이와 둘이 많은 시간을 보내면서 마침내 알아차릴 수 있었다. 인간이 아닌 다른 종과 깊이 연결되는 이 느낌이 얼마나 감동적인지 말이다. 다른 종과, 자연과, 나아가 우주와도 연결되어 있다고 생각하니 '나약하지만 커다란' 내가 느껴졌다. 완전히 다른 생명들이 서로의 나약함을 끌어안고 사는 동안 서로를 돕는다고 생각하니 마음 한편이 뭉클해지기도 했다.

이렇게 암 진단 후 나의 연결감은 확장됐다. 가족, 친구, 동료 등 친밀했던 사람들과의 관계에 머물러 있을 때 위태로웠던 연결감은 서로의 취약성에 기반한 환우들과 연결되면서 되살아났다. 또한, 취약성 따위는 아무런 문제가 되지 않는 반려견과의 연결감은 나를 좀 더 큰 차원으로 데려가주었다. 나는 이런 연결을 통해 나약하고 아픈 나를 조금 더 편안하게 받아들일 수 있었다. '낯선 이들'과 '낯선 존재'를 통해서 말이다.

아파도
괜찮은 세상

"이제 치료 종료되었습니다. 약 잘 챙겨 먹고 지내다가 6개월 후에 봅시다!"

방사선 치료까지 모두 종료하고 일주일 뒤 유방외과 외래 진료를 봤던 날, 유방외과 교수님은 그동안의 치료를 무사히 마친 나를 축하해줬다. 그러면서 식이요법이나 운동은 어떻게 해야 하는지 이것저것 묻는 내게 '대구 경북 암 생존자 통합 지지센터'의 팸플릿을 건넸다. 1동 맨 끝에 있으니 복도를 따라 쭉 직진해서 가라며, 그곳에 등록하면 앞으로의 관리를 도와줄 거라고 했다. 나는 처방전을 받아들고 곧바로 센터로 향했다.

먼저 암 치료와 관련된 우울과 불안 등을 알아보는 간단한 심리검사를 했고, 인바디 기계로 체중과 근육량, 수분, 영양 상태 등을 측정했다. 그리고 내게 맞는 식이요법과 집에서도 할 수 있는 근육 운동에 대한 안내를 받았다. 운동에 필요한 작은 아령과 세라밴드까지 지급받았다. 또한, 센터에서 제공하는 프로그램들을 안내받을 수 있는 카톡 채널을 알려주었고, 언제든 온라인과 전화로 예약하고 프로그램을 이용하면 된다고 했다. 이 모든 서비스가 심지어 무료였다!

나는 집에 와서 남편에게 지원센터에서 받은 물건들을

늘어놓고 보여주면서 "이대로 잘 관리해서 꼭 더 건강해질 거야"라고 다짐했다. 그리고 가져온 팸플릿을 거실 테이블에 잘 보이도록 쭉 펼쳐놓았다. 수시로 읽어보면서 내용들을 숙지하기 위함이었다. 그런데 그 '감동적인' 팸플릿들에서 단어 하나가 자꾸만 마음에 걸렸다. 바로 '생존자'라는 단어였다. '암 생존자'라는 단어가 모든 팸플릿에서 반복되었는데 이 말이 너무나 '무겁게' 느껴졌다.

살아남는 것보다 중요한

'생존生存'의 사전적 의미는 '살아 있음' 또는 '살아남음'이다. 그러니까 '암 생존자'라 함은 '암에 걸렸음에도 살아남은 자'라는 뜻이 된다. 나는 이 말이 '겪어서는 안 될 재앙' 속에서 살아남은 자라는 의미로 들렸다.

조기에 발견해 암세포를 모두 없애긴 했지만, 사실 유방암에는 '완치'라는 말을 붙이기가 참 힘들다. 유방암은 생존율이 매우 높지만, 치료 종료 5년 후 '완치' 판정을 받는 다른 암과는 달리 10년 이후에도 재발하는 경우가 있다.

일각에선 유방암 생존율이 워낙 높아서 재발률이 높은 것이라고 분석하기도 하지만, 나는 '전이'와 '재발'이라는 단어만 떠올려도 심장이 콩닥콩닥 뛰곤 한다. 이런 내게 '생존자'라는 단어는 암이 정말 무서운 병임을 자꾸만 상기시켰다. '내가 죽을 뻔했었구나'라는 생각이 들었고, 불안이 밀려왔다.

한편으론, '생존자'라는 말이 나의 암 경험을 왜곡하고 있다는 생각도 들었다. 치료 과정 중 내게 중요했던 건 단순히 '살아남는 것'이 아니었다. 암 경험을 나의 정체감에 통합해 한 사람으로서 고유한 일상을 지켜가는 것이 더 중요했다. 그런데 '생존자'라는 말은 암에 걸린 사람은 살아남는 게 중요하지, 다른 것들은 중요하지 않다는 인상을 준다. 오직 생존에만 최선을 다해야만 할 것 같았다.

나는 이런 표현이 우리 사회가 '건강 중심 사회'로 기울어져 있음을 보여주는 것이라 생각한다. 물론 건강은 중요하고, 누구나 아프지 않고 건강하게 살기를 바란다. 그러나 우리는 태어나는 순간 나이 들어가다 노화를 겪고 죽음을 맞이하는 운명을 타고났다. 누구든 언제든 아플 수 있다는 뜻이다.

하지만, 사회는 '건강'한 사람을 기준으로 구성되어 있다. 나이에 맞춰 학교에 다니고, 취업과 결혼으로 이어지는 생애 주기도, 아침에 출근해 일하고 저녁엔 회식이나 야근을 감당해야 하는 일터의 시간도, 낮 동안엔 뭔가 생산적인 것을 해야 정상으로 받아들여지는 일상의 구성도 모두 '건강'을 전제로 한다. 아플 때 이런 삶의 속도가 달라질 수도 있다는 건 가정조차 하지 않는다.

이런 사회에서 질병은 사회적 삶의 질서를 위협하는, 싸워 이기거나 없애야만 하는 것이 된다. '암 생존자'라는 표현은 이렇게 질병을 '적'으로 보는, 그러니까 건강을 중심으로 사고하는 것에서 유래한 표현 아닐까.

그 후 전화가 한 통 걸려왔다. 암 생존자 지지센터 이용 경험에 대해 묻는 전화였다. 나는 사회가 나를 돌보는 듯한 느낌이 들어 서비스 자체는 무척 좋았다고 답했다. 그리고 슬쩍 건의했다.

"그런데 '생존자'라는 표현이 어딘가 너무 강하고 제가 죽을 뻔했다는 느낌을 줘서 무서운 기분이 들어요. 뭔가 암 환자들의 경험을 좀 더 존중해주는 표현을 써주시면 안 될까요?"

그러면서 조심스레 제안했다.

"암 경험자. 이런 표현 어때요?"

상담원은 그거 괜찮다고 내게 공감해주면서 반영해보도록 건의하겠다고 했다. 통화 도중 불현듯 떠오른 단어지만 나는 '암 경험자'라는 말이 꽤 마음에 든다. 질병을 없애야 할 것이 아니라 살면서 경험할 수 있는 것으로 바라보는 것 같아, 좀 더 존중받는 느낌이 든다. 나는 조만간 '암 생존자 지지센터'가 '암 경험자 지지센터'로 이름을 변경했다는 소식이 들려오길 기대하고 있다.

잘 아플 권리

건강 중심 사회의 문제점을 지적하고, '잘 아플 권리'인 질병권을 주장한 조한진희는 《아파도 미안하지 않습니다》에서 '건강이 당연한 것'이라는 전제가 깔린 사회에 대해 '마치 세상의 절반이 여성이지만, 남성 몸만을 보편이자 표준으로 설정해놓은 것과 같다'고 적었다.

나는 이 표현이 참 절묘하다고 생각한다. 남성 중심 가부장제 전통이 짙은 사회 안에서 여성들이 자신만의 언어를 잃고, 열등한 존재로 인식되듯이 '건강'을 중심으로 사고하는 사회에서 아프거나 장애가 있거나 나이 든 사람들은 열등하고 문제가 있는 사람으로 대우받는다.

그래서 조한진희는 '질병권'을 주장한다. 질병권은 아픈 몸을 극복하지 않거나 못해도 온전한 삶을 살 수 있는 권리를 말한다(《돌봄이 돌보는 세계》, 109쪽). 나는 암 진단을 받기 훨씬 전부터 이 개념에 관심을 갖고 있었지만, 암에 걸린 후에야 비로소 온몸으로 느낄 수 있었다. 왜 우리에게 질병권이 필요한지, 건강 중심 사회가 얼마나 많은 차별과 소외를 낳는지를 말이다.

게다가 신자유주의의 세례를 받은 지금의 사회에서 건강은 생산성과도 직결된다. 아파서 생산적이지 못한 삶을 사는 사람은 사회에서 쓸모없는 존재가 된 것 같은 느낌을 받곤 한다. 또한, 건강은 사회 계층과도 밀접한 관계가 있다. 질병에 걸리는 정도도 노동 환경에 따라 다르고, 아팠을 때 치료에 접근하거나 돌봄을 받을 수 있는 범위도 경제적 능력에 좌우되는 경우가 많다. 나는 '아픈 몸들'보다 이런 사회가 더 건강하지 않다고 생각한다.

탈脫건강을
권하다

 그렇다면 질병권이 보장되는 사회는 어떤 사회일까.《질병과 함께 춤을》의 저자들은 이렇게 설명한다.

 질병권이 보장되는 사회는 아프다는 것이 의구심이 되지 않는 사회, 병명으로 삶의 고통이 재단당하지 않는 사회, 몸이 아픈 사람도 원하는 만큼의 노동을 하거나 하지 않을 권리가 보장되는 사회, 질병과 빈곤이 불행이 아닌 사회, 아픈 몸이 기준인 사회, 아픈 몸이 기준이기 때문에 의존과 취약함이 보편적 속성으로 수용되는 사회, 의존과 취약함이 보편적 속성이기 때문에 돌봄을 주고받는 게 인간의 덕목, 권리, 의미, 기쁨인 사회다. (259~260쪽)

 나는 이런 사회는 어떤 모습일지 가만히 눈을 감고 상상해보았다. 그러자 암에 걸린 사람이 직장에서 암 진단 사실을 밝히자, 따뜻한 위로와 함께 탄력적인 근무가 가능함을 안내받는 모습이 떠올랐다. 수술하거나 입원이 필요할 때 마음껏 쉬다 오라고, 항암 치료나 방사선 치료 중 컨디션이 좋지 않을 땐 언제든 휴가를 쓸 수 있다고, 할 수 있는 만큼 일할 수 있다고 격려를 해주는 일터. 가족 구성원 중에 아파서 돌봄이 필요한 이가 생긴다면, 돌봄과 일을 함께 할 수 있도록 근무를 조정하는 게 당연해지는 사회. 이런 분위기가 우리 사회에 자연스럽게 스며든다면, 아프고 나이 들고 장애가 있는 이들도 죄책감이나 소외감, 실패자라는 느낌 등 불필요한 감정에 빠지지 않고 사회 구성원으로 자신의 몫을 하면서 살아갈 수 있지 않을까.

거제도를 여행할 때였다. '무장애 공원'으로 표시된 해안 산책로를 반려견 라온이와 함께 걸었다. 라온이는 오른쪽 뒷다리 관절이 모두 붙어버린 장애를 가지고 있다. 관절을 구부릴 수 없어 소위 '뻗정다리'로 지낸다. 일상생활에는 지장이 없지만, 계단은 다리에 무리가 갈 수 있어서 피해 다니곤 한다. 산책 중 계단이 나오면 반드시 안아주는데 호기심 많은 라온이는 그때마다 발버둥을 치며 내려달라고 한다.

그런데 무장애 공원에서의 산책은 달랐다. 무장애 공원은 '장애가 있는 사람'을 기준으로 만들어진 공원이다. 그러다 보니 휠체어가 접근하기 편하게 오르막이나 내리막을 계단이 아닌 완만한 경사로로 만든다. 계단이 전혀 없는 무장애 공원에서 라온이 억지로 안겨 가며 발버둥 칠 일이 없었다. 온전히 자기 발로 걸으며 냄새를 맡아서인지 무척 신이 나 보였다. 보호자인 나도 편안하게 걸을 수 있었다. 어르신들도, 유모차를 탄 아이들도 모두 온전하게 산책을 즐기는 모습이었다.

  이처럼 장애를 기준으로 만들어진 공원은 장애인만을 위한 것이 아니다. 모두를 위한 것이 된다. 우리 사회도 마찬가지 아닐까. '건강'이 아닌 '장애와 질병'이 기본이 된다면 아픈 이들뿐 아니라 건강한 사람들까지 보다 안전하게 자신의 삶을 누릴 수 있을 것이다. 그러니 '탈건강'하며 살아보는 건 어떨까. 그럴 때 삶을 좀 더 정직하게 대하면서, 서로를 돌보며 살아갈 수 있게 될 것이라 믿는다.

4장:

산다는 것

나는 아프고
건강하다

"'좋다'의 반대말은?"

"싫다!"

"'어린이'의 반대말은?"

"어른!"

초등학교 시절 단어를 알아갈 때 이런 반대말 놀이를 했던 기억이 있다. 나름 즐겼던 것도 같다. 그런데 꼬마였던 나는 종종 이 반대말 게임이 '억지'라고 생각했다. 그래서 한번은 엄마에게 이렇게 묻기도 했다.

"'좋다'의 반대말이 '그저 그렇다'면 안 되나요?"

내게 '좋은' 상태가 아닐 때는 '싫을 때'보다 '그저 그럴 때'가 더 많았기 때문이다. 엄마는 학교에서 배운 대로 하는 게 맞다고 일러줬다. '어린이'의 반대말이 '어른'인 것도 좀 이상했는데, 어린이가 자라서 어른이 되는데 어떻게 그게 반대인지 늘 궁금했다.

하지만, 어른이 되어가면서 나도 이런 이분법에 점점 익숙해져갔다. 그러면서 삶과 죽음, 건강과 질병, 독립과 의존, 기쁨과 슬픔은 서로 양립할 수 없는 '반대'가 되는 것이라는 통념을 아무런 의심 없이 따랐다. 그런데 암 경험은 이런 익숙한 이분법적 사고를 흔들어놨다. 아프면서 그동안 '반대'로 여겨왔던 것들을 대체로 동시에 경험했기 때문이다.

건강하다 VS 아프다

"몸은 괜찮지?"

암에 걸린 후, 모임에 나가면 친구들은 내게 이렇게 인사를 건넨다. 그러면 나는 "그럼, 괜찮고말고. 잠도 잘 자고, 운동도 하고, 잘 지내"라고 답해준다. 그 후 우리는 그동안 살았던 이야기들을 늘어놓는데, 40대 후반에 이른 나의 친구들이 어김없이 꺼내는 주제가 바로 '건강'이다.

친구들은 여기저기가 아프다고 털어놓는다. 잠을 조금만 못 자도 두통이 찾아오고, 완경기에 가까워져서인지 생리 때만 되면 온몸이 쑤시고, 몸이 찌뿌둥한 날이 너무 많다 같은 이야기들이 오간다. 그러다 예전엔 어른들이 보조제를 그렇게 많이 챙겨 먹는 게 너무 이상해 보였는데 어느덧 내가 그러고 있더라는 푸념 아닌 푸념으로 끝이 난다.

그럴 때면 "몸은 괜찮아?"라고 내가 먼저 친구들에게 물었어야 했는데 싶은 생각이 든다. 사실, 나는 암 환자지만 친구들처럼 여기저기 아프지는 않기 때문이다. 수술과 방사선 치료 후유증으로 액와막 증후군이 생겨 오른쪽 팔이 불편한 것만 제외한다면 전신 컨디션이 매우 좋은 편이다. 암 치료를 받으면서 식단을 조정했고, 걷기 운동과 스트레칭을 열심히 했기 때문인지 찌뿌둥한 느낌도 별로 없다. 숙면이 암 환자에게 좋다는 이야기에 내가 잠을 깊이 잘 수 있게 식구들이 배려해주기 때문에 전보다 잠도 잘 자고 대체로 머리도 맑다. 암 환자인 내가 질병이 없는 친구들보다 건강한 것 같다.

사실 친구들이 호소하는 여러 '아픈 증상'은 노화로 인해 자연스럽게 생긴 것들이다. 이런 증상들이 '건강하지 않다'는 증거는 아니다. 하지만 '건강 중심' 사회에서 살아가는 우리들은 '아프다'는 것과 '건강하다'는 건 양립할 수 없다고 여기고, 자연스러운 노화와 호르몬 변화에 따른 통증들을 '건강의 적신호'로 여기고 두려워한다.

하지만 진짜 큰 병을 얻어본 나는 이제 알 것 같다. 건강하지만 아플 수 있고, 아파도 건강한 삶을 살아갈 수 있음을 말이다. '건강한 상태'와 '아픈 상태'는 공존할 수 있다.

돌보기 VS 돌봄받기

나의 반려견 라온이는 내 곁에 꼭 붙어 지낸다. 나와 늘 같은 공간에 있는 게 중요한지, 내가 집 안에 있을 때는 다른 가족과 산책을 나서지도 않는다. 그래서 나는 퇴원 후 곧바로 라온이와 산책을 시작할 수밖에 없었다.

산책 시간은 즐겁고, 내게도 꼭 필요한 운동이었지만, 수술 후 체력이 떨어진 나는 누워서 쉬고 싶을 때가 많았다. 어느 날 또 산책을 채근하는 라온이를 보며 나는 이렇게 말을 건넸다.

"지금 엄마 상태가 너랑 산책할 수 있는 상태가 아닌데. 나한테 너무 의존하는 거 아니니?"

그러자 그 말을 듣고 있던 시어머니가 이렇게 말했다.

"라온아, 네가 엄마를 살리는구나. 운동하는 게 얼마나 중요한데 엄마가 너 때문에 누워 있고 싶어도 움직이잖아."

생각해보니, 정말 그랬다. '암 환자'인 내가 라온이를 일방적으로 돌보고 있다고 생각했지만, 실은 그 반대일 때도 많았다. 라온이의 해맑음에 지친 마음이 밝아졌고, 활동적인 라온이를 따라다니느라 몸을 움직였다. 산책을 할 때면 무엇이든 '탐험'하려 드는 라온이 때문에 온 신경을 라온이에게만 집중해서 돌봐야 했는데, 그 덕분에 산책 시간에는 병에 대한 두려움과 불안에서 벗어나 온전히 '지금-여기'에 머무를 수 있었다. 나는 라온이를 돌봄으로써 돌봄받고 있었던 셈이다.

도하타 가이토는 《매일 의존하며 살아갑니다》에서 '누군가를 돌보는 건 결국 나를 돌보는 것'이라며 이런 예를 들었다.

> 가령 지하철에서 교통 약자에게 자리를 양보하면 좋은 일을 한 것 같아서 앉아 있을 때 기운이 난다. 친구에게 공부를 가르치면 나에게도 공부가 된다. 후배에게 한턱내면 나도 왠지 기분이 좋다. 이른바 누이 좋고 매부 좋은 일들이다. 타인에게 무언가를 주면, 내가 준 것 이상을 얻을 수도 있다.
> (209쪽)

누군가를 돌보는 것이 나를 돌보는 것과 같다면, 반대로 누군가의 돌봄을 받는 것도 그 누군가를 돌보는 것이라 할 수 있다. 교통 약자는 자리에 앉음으로써 양보한 이의 기운을

북돋웠고, 공부를 배우는 친구는 가르치는 친구가 더 깊이 이해하도록 도왔다. 이처럼 신기하게 뒤얽힌 세계가 보인다.

(210쪽)

이렇듯, 돌봄받는 것과 돌보는 것은 반대가 아니다. 서로 순환한다. 돌봄받는 것으로도 누군가를 돌볼 수 있다.

기쁨 VS 슬픔

암 진단을 받으면 세상이 온통 잿빛일 줄 알았다. 물론, 잿빛을 좀 더 많이 경험하긴 했다. 조직검사를 받고 결과가 나올 때까지는 불안에 사로잡혀 있었고, 수술을 하기 전에는 공포와 두려움에 휩싸이기도 했다. 하지만, 장담하건대 백 퍼센트 그렇지는 않았다.

조직검사 결과를 기다리는 불안한 시기에도, 암 진단을 받았던 충격적인 날에도, 수술을 앞두고 걱정이 많았던 날에도 나는 분명 종종 웃었다. 조금 전까지 불안하다고 훌쩍이다가도 남편과 맛있는 음식을 시켜 먹으면서 기분 좋게 '맛있다'를 연발하기도 했고, TV에서 나오는 우스갯소리에 박장대소하기도 했다. 한참 치료를 받을 때 아이가 오래 준비한 대회에서 수상한 적이 있었는데 그때는 정말 세상을 다 가진 듯 기뻤다. 암에 걸린 일은 두렵고 슬픈 일이었지만, 그 안에서도 기쁘고 행복한 순간은 늘 있었다.

나의 내담자들도 그랬다. 우울하고 무기력해서 누워만 지내는 분들과도 대화를 나누다 보면, 하루 중 기분이 조금 나았던 순간들이 분명히 있다. 다만, 우울한 기분이 이런 순간들을 기억하지 못하게 막을 뿐이다. 그럴 때 상담실에서 '기분이 꽤 괜찮았던 순간'들을 떠올리고 기억하는 연습을 하면 조금씩 우울이나 무기력에서 빠져나오게 된다.

그러니 기쁨과 슬픔이 반대라는 것, 긍정적인 감정과 부정적인 감정이 함께 있을 수 없다는 통념은 진실이 아니다. 둘 역시 공존한다.

그런데도 우리는 왜 이분법적인 사고를 버리지 못하는 걸까? 이는 인간의 뇌가 불확실한 것을 피하고 명확하게 분류하는 '인지적 편리함'을 추구하기 때문일 것이다. 사람들은 불확실한 것 앞에서 불안을 느낀다. 이 불안을 줄이기 위해서라도 뇌는 명확하게 구분 짓기를 선호하는데 이분법은 이를 가장 효율적으로 달성해준다. 나는 이런 뇌의 특징에 이분화와 위계를 핵심으로 하는 가부장제 문화가 더해지면서 이분법이 더 공고해졌다고 생각한다.

하지만, 암에 걸린 후 나는 알았다. 이런 사고방식이 삶의 본질을 흐리고 있다는 것을 말이다. 우리가 반대라고 여겨왔던, 공존할 수 없는 것으로 간주했던 많은 것은 사실 동시에 존재하면서 서로 영향을 주고받는다. 그리고 이를 받아들임으로써 우리는 보다 온전한 삶을 살아갈 수 있다.

다름 아닌 나부터 그랬다. 이분법에서 벗어나보니 삶의 많은 부분이 더 자연스럽게 느껴졌다. 남편이 밉다가도 사랑스럽고, 시어머니가 불편하면서도 애틋하고, 아들과 강아지가 너무나 사랑스럽지만 때로는 해방되고 싶기도 하다. 이런 일상의 모순되는 감정들을 좀 더 편안하게 바라보게 됐다.

최근 상담과 임상심리학의 주된 흐름인 '수용전념치료'에서는 '그러나'가 아니라 '그리고'로 바꾸어 생각하면 삶의 많은 부분을 더 잘 수용할 수 있게 된다고 설명한다. 나는 암 경험을 통해 이를 깊이 체험했다.

나는 아프고 건강하며, 돌봄받고 돌보며, 기쁘고 동시에 슬프다.

나의 미안한
몸에게

'매일 10분 치료받으려고 왕복 2시간을 써야 한다니 진짜 시간 아깝다. 그 시간이면 차라리 책을 한 권 더 읽겠어!'

수술 후, 한 달 정도가 지나 방사선 치료 계획을 들었을 때, 나는 속으로 이렇게 볼멘소리를 해댔다. 5~10분 걸리는 치료를 위해 길에서 2시간이나 써야 한다는 게 억울했다. 그 시간이면 내가 할 수 있는 일이 얼마나 많은데, 내담자를 2명이나 더 만날 수 있고, 원고도 꽤 쓸 수 있는 시간인데, 그 긴 시간을 병원을 오가는 데 쏟아부어야 한다니 자꾸만 한숨이 나왔다.

하지만, 방사선 치료가 진행되고, 부작용을 몸으로 경험하면서, 그리고 이를 치유하기 위해 운동을 하면서 나는 깨달았다. 이런 불만들은 그동안 내가 얼마나 '마음 중심'으로만 살아왔는지를 말해주는 것임을 말이다.

몸은
살아 있다

방사선 치료는 아무런 통증이 없다. 엑스레이 사진을 찍는 것처럼 그냥 눕기만 하면 되어서 '별것 아니구나' 싶었다. 하지만, 시간이 지날수록 서서히 여러 가지 부작용이 나타났다. 내게 가장 먼저 나타난 부작용은 피로감이었다.

치료를 마치고 집에 오면 몸이 축 늘어졌고, 깊이 자고 나서도 몸이 개운하지 않았다. 치료 횟수가 늘어나면서 방사선 조사 부위가 간지럽고 따가운 느낌이 들기도 했다. 하지만 유방암 커뮤니티에서 들었던 것들보다는 증상이 가벼운 편이었다. 진짜 문제는 치료가 완전히 끝나고 3개월이 지난 후에 시작됐다.

수술한 쪽인 오른쪽 겨드랑이와 팔 윗부분이 점차 불편해지더니 팔을 들어 올리면 가슴부터 팔까지 띠 모양의 밧줄 같은 조직이 생겼다. 그러더니 손끝까지 저리고 시린 느낌이 들었다. 나도 모르게 평소처럼 팔을 사용했다가 갑자기 밀어닥친 통증에 놀라기도 했다. 유방암 환자들이 종종 겪는 '액와막 증후군'이었다.

'액와막 증후군'은 수술과 방사선 치료의 부작용으로 신경이나 근육이 석회화되거나 굳어서 생기는 팔과 겨드랑이 부위의 통증이다. 액와막 증후군을 덜 겪는 방법은 오직 하나, 스트레칭과 무리하지 않은 운동뿐이다.

그래서 나는 '메디컬 필라테스'를 시작했다. 암 진단 전에도 운동을 했었지만, 그때는 다이어트가 목적이었다. 이번엔 팔의 통증을 줄이는 게 목적이었고, 담당 강사는 내가 팔의 근육을 섬세하게 움직일 수 있도록 도왔다. 의식하지 않고 팔을 사용할 때는 통증에 깜짝 놀라곤 했는데 주의를 기울여 근육들을 움직이자 통증이 훨씬 덜했다.

처음엔 통증 때문에 안 되던 동작들도 무리하지 않게 반복하면서 팔이 움직일 수 있는 범위를 늘려갔다. 나는 필라테스를 하면서 쓰지 않던 근육이 얼마나 많았는지, 내가 내 몸에 대해 얼마나 무지했었는지를 깨달아갔다. 들숨과 날숨에 따라 근육의 움직임이 달라지는 것도 느낄 수 있었다.

그러던 어느 날 나는 강사에게 "지금까지 이런 근육들이 있는지도 모르고 산 것 같아요. 내 몸에게 미안한 기분이 들어요"라고 말했다. 그러자 강사는 이렇게 답했다.

"회원님만이 아니에요. 학교 들어갈 때부터 우린 대부분 몸을 쓰지 않도록 배우잖아요."

생각해보니 정말 그랬다. 내가 태어나서 몸을 마음껏 움직일 수 있었던 시기는 만 3살 이전이 전부였던 것 같다. 유치원에 입학하면서부터 바닥이나 책상에 앉아 있거나 원치 않더라도 똑같이 율동을 해야 했고, 초등학교 때부터는 수업 시간에 얌전히 앉아 있는 습관을 들여야 했다. 중고등학교 땐 체육 시간을 제외하곤 온통 머리로 하는 공부만 해야 했다. 몸의 욕구를 억압하도록 배워온 것이다.

이렇게 몸을 '억압'하는 사회에서 몸은 마음이 하는 공부나 일의 성과를 내기 위한 '도구'로 대해진다. 몸이 쉬고 싶다고 하면 카페인을 들이붓고, 스트레스를 받는다며 알코올을 섭취해 몸을 탈진시킨다. 혹은 타인에게 좋은 평가를 받는 외모를 갖추기 위해 먹고 싶은 걸 참고 다이어트를 하며, 억지로 운동을 해 몸을 만든다. 얼핏 몸을 관리하는 것 같지만, 이는 몸을 존중하기보다는 일종의 자기혐오가 깔린 행위들이다.

하지만, 방사선 치료 부작용 덕에 필라테스를 하면서 내 몸을 유심히 관찰하고 느껴보니 몸이 참 대단하다는 생각이 들었다. 서로 연결되어 있는 근육의 움직임이 신비로웠다. 비로소 내 몸의 존재를 느낄 수 있었다.

그러자 몸이 응답했다. 오랫동안 과체중이었던 체중이 정상 체중 범위로 돌아온 것이다. 예쁘게 보이기 위해 다이어트를 했을 때는 좀처럼 줄지 않던 체중이, 몸을 존중하는 마음으로 운동하자, 줄어든 것이다. 구부정했던 자세가 조금 곧아졌고, 팔의 통증도 옅어졌다. 신기하게도 평소 즐겨 먹던 분식이나 튀긴 음식들이 전혀 당기지 않았다. 내 몸 스스로가 해로운 것들을 끊어내기 시작했다. 몸을 수단으로 대했던 때와 지금의 존중받는 내 몸은 확연히 다르다.

마음을
돌보는 몸

몸의 느낌들과 움직임에 민감해지자, 감정을 느낄 때 내 몸에서 일어나는 반응도 알아차릴 수 있게 됐다. 나는 달력을 보다가도 정기검진 날짜를 확인하면 재발에 대한 두려움이 밀려온다. 그럴 때 내 몸에선 심장이 '쿵' 하는 것 같다. 롤러코스터를 탈 때 배 속이 텅 빈 듯한 느낌과 유사하다. 화가 나거나 짜증이 날 땐 관자놀이가 둥둥 뛰고 얼굴이 화끈거린다. 기쁘고 축하할 일이 생겼을 땐 배가 부른 느낌이 든다. 무언가 충만하게 채워지기 때문인 것 같다.

사실 사람들은 어떤 정서를 느낄 때 몸으로도 함께 느낀다. 반응은 모두가 다 다르지만 분명 몸에서도 무언가를 경험한다. 그래서 심리상담 현장에서 감정을 잘 인식하지 못하는 내담자들에게는 몸의 느낌에 집중하는 접근 방식을 취하기도 한다. 나는 아프기 전까지 스스로가 몸의 느낌을 잘 알아차리지 못했기 때문에 이런 '소매틱 접근(심리적 현상을 몸의 감각을 통해 접근하는 방법)'을 시도하지 않았다.

하지만, 내가 내 몸을 느끼게 되면서 소매틱 치료에 관심이 생겼고 관련 책을 읽고 강의를 찾아 들었다. 그리고 일상에 배운 것들을 적용했는데 놀랄 만큼 큰 효과가 있었다. 들숨과 날숨을 느껴보고, 바닥에 닿은 발과 의자에 닿은 엉덩이를 느껴보고, 두 팔로 나를 감싸 안는 것만으로도 안정되는 효과가 있었다.

그중 가장 도움이 됐던 건 암 진단 후 이전의 나를 떠나보내는 애도 작업을 몸을 통해 해낼 수 있었던 것이다. 슬픔이 차오를 때 그 슬픔을 날숨과 함께 떠나보내고 들숨에 새로운 나를 맞아들이는 이미지를 그렸다. 그러자 내 몸이 이전의 나와 지금의 나를 모두 품고 있음이 느껴졌다.

뭐든 해낼 수 있다고 믿으며 바쁘게 살았던 나와 인간의 나약함을 받아들이고 한계를 알게 된 나. 이 상반된 두 나는 결국 한 몸 안에 있었다. 몸이 나를 이어주고 있다는 생각에 안도가 됐다. 나의 가치와 정체감을 담아주는 몸이 있기에 나는 나인 것이었다.

걸으면서
알게 된 것들

또 하나, 암을 경험하면서 몸과 함께해 유익했던 것 중 하나가 바로 '걷기'였다. 암 환자에게 면역력 향상을 위한 운동은 필수인데 그중 가장 쉽고도 효과적인 게 바로 걷기다. 나는 반려견 덕분에 수술 바로 다음 날부터 걷기를 시작했다.

반려견 라온이와 함께 걷는 시간은 참 충만하다. 라온이가 냄새 맡는 풀과 땅, 그리고 깡총거리는 걸음걸이와 살랑거리는 꼬리 등에 집중하다 보면, 라온이가 느끼는 즐거움에 '감응'돼 내 마음도 맑아지곤 했다.

동시에 계속 땅에 발을 딛는 행동을 통해 내가 존재하고 있음을, 실재하는 나를 느낄 수 있었다. 암을 경험했지만, 나는 여전히 걷고 있고 반려견과 함께하는 행복을 누릴 수 있으며, 살아 있음이 느껴졌다. 암 수술과 방사선 치료를 견뎌내고 이렇게 잘 움직이고 기능하고 있으며, 심지어 나의 마음에 위로도 주는 내 몸이 고맙게 느껴졌다. 지금도 나는 매일 하루에 두 번 1시간씩 라온이와 함께 걸으며 몸과 마음에 생기를 충전한다.

'자신의 몸을 실재한다고 느끼고, 그 안에서 살아 있는 감정을 느낄 수 있는 능력'.

정신분석가 아들러는 '정신 건강'을 이렇게 표현한 적이 있다. 이 정의에 따르면 나는 암에 걸린 후 정신이 더 건강해졌음이 분명하다. 몸이 실재함을, 내 몸이 존재하고 있었음을 비로소 느끼며 나의 정체감 안에 몸이 통합되었으니 말이다.

병원을 오가는 시간을 아까워했던, 고장 난 몸을 원망했던 나는 이제는 없다. 그동안 마음에만 치중해 살았던 것을 생각하면, 내 몸을 위해 더 많은 시간을 쓰며 살아도 모자랄 것만 같은 심정이다. 미안하고 고마운 내 몸과 함께 보다 온전한 하루하루를 살아가고 싶다.

암 덕분은
아니지만

한 사람을 그 사람답게 하는 건 무엇일까. 나는 '삶의 가치'라고 생각한다. 심리학에서 '삶의 가치'란 사람이 살아가면서 가장 중요하게 생각하는 신념이나 원칙을 의미한다. 누구나 살면서 추구하는 삶의 가치가 있고, 이 가치는 그 사람의 의사 결정과 행동 양식에 지대한 영향을 준다.

하지만, 모두가 이를 인식하고 사는 것은 아니다. 실천하고 있으면서 인식하지 못하기도 하고, 실천하고픈 가치가 마음 깊은 곳엔 있지만 알아차리지 못하기도 한다. 때로는 알면서 외면하기도 한다.

나 역시 오랫동안 무언가 내 삶에 중요한 것이 있긴 한데, 그게 무엇인지 명확히 인지하지 못한 채 뿌연 상태로 살아왔다. 그러다 삶의 가치를 정의하게 되면서 삶이 통합되고 선명해지는 경험을 했다. 내게 중요한 가치를 말할 수 있게 된 건 저 멀리 캐나다에서 지낼 때였다.

나에게 중요한 것은 뭘까

남편이 캐나다 밴쿠버에서 연수를 하게 되면서 나는 30

대 후반을 그곳에서 보냈다. 박사 과정을 휴학하고, 상담자로서의 일도 접고 캐나다에 간 나는 그곳에서 오직 '엄마'와 '아내'로서만 살았다. 일과 공부에서 느끼는 정체감이 중요했던 당시의 나는 나를 잃어버린 기분이 들었다. 그 답답한 마음을 덜고자 '페미니즘 기반의 다문화 여성을 위한 집단상담' 프로그램에 참여했다.

8명의 여성이 매주 한 번 2시간씩 만나 8주간 이야기를 나눈 이 집단상담의 주제는 여성이 '자기 자신으로 살아가는 것'이었다. 이를 위해 여성을 자기 자신으로 살지 못하게 하는 환경들을 살펴보고, 나답게 살아가기 위해 중요한 것들을 찾아보는 시간을 가졌다. 모두 다른 문화권에서 태어나 자란 여성들이 한자리에 모였고, 조금씩 서툴게 영어를 했다. 하지만, 삶의 이야기에는 얼마든지 공감할 수 있었고, 각기 다른 문화권임에도 공통적으로 일어나고 있는 여성으로서 겪는 차별에 함께 분노하고 울고 그랬다.

동시에 매주 자신의 삶에서 중요한 것들을 찾아갔다. 어떤 날은 삶에서 가장 행복하거나 슬펐던 순간들에 대해 이야기를 나누기도 했고, 때로는 잡지 속 사진 중에서 마음에 드는 것을 찾아보기도 했다. 여러 명언 중에서 가장 와닿는 문구를 고르기도 했다. 이렇게 여러 가지로 작업한 것들을 모아두고, 이것들을 관통하는 단어를 떠올리는 작업을 했다. 그러자 보였다. 내 삶에서 가장 행복했거나 슬펐던 순간, 내 마음에 와닿는 사진이나 문구가 무엇을 향하는지를 말이다. 그것은 바로 '평등'이었다.

돌아보면 나는 약한 존재가 함부로 대해지는 것을 볼 때 무척 슬펐고, 부와 권력을 쥔 자의 '갑질'에 크게 분노했다. 반면, 가장 여리고 약한 생명을 돌보고, 서로의 다른 점을 있는 그대로 존중하는 모습을 보거나, 그런 대우를 받을 때 마음이 푸근해지곤 했다. 집단원들은 이런 내 마음이 향하고 있는 지점을 '평등'이라 불러줬다. 이 단어를 듣는 순간 머릿속이 맑아지는 것 같았다. 그리고 나에게 '평등'이 무엇인지 정의 내리는 작업도 했는데, 내게 평등이란 '세상의 모든 생명이 있는 그대로 존중받고 존중하는 것'을 의미했다.

이렇게 정의하고 나니, 삶이 통합되는 느낌이 들었다. 상담자로서의 방향성도 명확해졌다. 내게 상담이란 '내담자들이 있는 그대로 존중받으며 자기 자신으로 살아가도록 돕는 것'이었다. 그리고 이 일을 통해 '평등한 세상'을 만들어가는 데 조금이라도 기여하자는 목표가 생겼다. 내가 만나는 내담자들이 스스로와 타인을 '있는 그대로' 존중하고,

그렇게 존중하는 마음이 퍼져나갈 때 세상은 보다 '평등'해질 수 있을 테니 말이다.

또한, 나는 일상에서 생명을 존중할 수 있는 작은 것들을 실천하기로 했다. 유기 동물을 후원하고, 길고양이들을 위해 츄르를 가지고 다니기 시작했다. 플라스틱 용품을 줄이기 위해, 액상 세제 대신 고체 비누를 사용하고, 동물을 이용하거나 착취한 물건들을 쇼핑 목록에서 제외했다. 그 대신 친환경 비건 제품들을 찾아보았고, 이런 제품 위주의 소비를 했다. 그러자 일상의 모든 순간이 '나답게' 느껴졌다. 일과 공부를 하지 않더라도 나는 나다울 수 있었고 생기가 더해졌다.

암 환자여도
나는 나

캐나다에서 삶의 가치를 정의한 후, 나는 수년간 꽤 안정적이고 통합된 상태로 지냈다. 그러다 갑작스레 암 진단을 받은 것이다. 처음 3~4일간은 그냥 '멍'한 상태로 지냈던 것 같다. 수술을 위해 각종 검사를 받으면서도 아무런 감정도 느껴지지 않았다.

  그렇게 모든 검사를 마치고 수술을 이틀 앞두었던 토요일. 갑자기 눈물이 쏟아지기 시작했다. 어쩌면 예상보다 훨씬 빨리 내가 사랑하는 것들과 이별하게 될 수도 있다는 생각 때문이었다. 나의 아이가 어른이 되어가는 것을 보지 못할까 봐, 반려견을 끝까지 지켜주지 못할까 봐, 더럭 겁이 났다. 사랑하는 이들을 하나하나 떠올리며 한바탕 눈물을 쏟아내다 문득 마음속에서 이런 생각이 올라왔다.

  '삶은 결국 다 이별 아닐까. 태어나면 죽고, 만나면 헤어지고, 부모-자녀도 언젠간 사별하고, 백년해로하는 부부도 결국 사별하잖아. 그러니 암에 걸렸다고 달라질 건 없어. 하루하루 더 나답게 살아가면서 사랑하는 이들과 함께하는 것밖에.'

  이렇게 생각하니 마음이 조금 차분해지는 것 같았다. 그리고 다짐했다. 내 삶의 가치들을 더 적극적으로 실천하면서 살자고 말이다. 동시에 더럭 겁이 났다. 암이 나답게 사는 것조차 방해할까 봐 두려웠다.

  하지만, 치료가 시작되고 만난 환우들은 이런 나를 안심시켜줬다. 방사선 치료 때 탈의실에서 만났던 한 여성 환우는 "저는 폐에 전이가 됐대요. 이번 방사선 치료는 폐 전이된 암을 줄이기 위해서 하는 거예요"라고 아주 밝게 말했다. 나는 "힘들지 않으세요?"라고 물었다. 그랬더니 그분은 "자꾸 힘들다고 생각하면 뭐 해요. 암은 암이고 나는 나다, 그렇게 생각하고 지내요. 친구들과 함께하는 걸 좋아하는데 제가 아프니까 친구들이 저를 위해 더 많이 시간을 내줘서 좋아요"라고 했다. 이분은 아파도 밝은 성격을 유지할 수 있음을, 중요한 관계들도 이어갈 수 있음을 알려줬다.

수술받기 전부터 블로그를 통해 알게 돼 의지하고 지내는 이웃도 그랬다. 이분 역시 항암 치료까지 받았지만, 운영하시던 서점을 매일 열었고, 그곳에 오는 손님들에게 한결같이 친절했다. 아이들을 위해 그림책을 읽어주는 강의도 계속해나갔다. 아파도 가치 있는 일을 해나갈 수 있음을 보여줬다.

나보다 조금 먼저 유방암 진단을 받은 동료 상담사도 마찬가지였다. 한때 나는 그분과 같은 센터에서 일했는데 항암 치료 중에도 그분은 상담을 쉬지 않았다. 수술 전부터 만나고 있던 내담자들은 수술 후에도 계속 만났고, 진심으로 그들과 함께했다. 암과 상관없이 그는 좋은 상담자였다.

돌아보면, 엄마도 그랬다. 엄마는 늘 다른 가족들을 보살피고, 다른 사람들의 마음을 살피셨는데 말기 암 투병을 하면서도 똑같았다. 통증에 시달리면서도 내게 밥은 먹었는지를 꼭 물으셨고, 방문하는 모든 이에게 따뜻했다. 암과 상관없이 엄마는 엄마였던 것이다. 알츠하이머를 오래 앓은 나의 외할머니도 그랬다. 기억을 점점 잃어가면서도 외할머니는 찾아뵐 때마다 "사랑해요. 고마워요"라는 말을 반복했다. 평소 외할머니가 늘 하셨던 말씀이었다. 기억은 흐물거려도 외할머니 내면의 정서들은 그대로였다.

  나는 이런 분들을 떠올리면서 사람은 '아파도 그 사람에게 중요한 가치는 그대로다'는 확신이 들었다. 그래서 방사선 치료를 마치고 '치료 종료'와 함께 새 출발을 하던 날. 다이어리와 스마트폰 그리고 상담소 책상의 한구석에 이렇게 적어두었다.

  '암이 내 삶의 가치까지 앗아가지는 않는다.'

변하지 않았지만
변한 것들

  그리고 나는 나를 나답게 하는 삶의 가치들을 좀 더 적극적으로 실천하며 살고 있다. 사실, 내가 추구하는 가치 '평등'은 암 환자라도 얼마든지 실천할 수 있는 것이다. 물건을 살 때, 사람들과 대화할 때, 다른 생명체들을 대할 때, 아프다고 해서 달라질 건 전혀 없었다.

 물건을 살 땐, 사람이나 동물, 환경을 착취한 물건은 전보다 더 철저히 배제한다. 이왕이면 공정 무역으로 재료를 조달하거나 리사이클링 재료를 이용한 상품, 장애인과 같이 취약 계층에게 일자리를 제공하는 업체의 물건을 고른다. 동물을 착취하거나, 비윤리적인 이슈가 있거나 갑질 논란이 있었던 기업의 제품은 사지 않는다. 일종의 '가치 소비'를 하는 셈인데 이는 떨어진 체력으로 누워 있을 때도 스마트폰으로 쇼핑하면서 얼마든지 실천할 수 있었다.

 만나고 있는 내담자들에게도 그들이 '자기 자신'으로 살아갈 수 있도록 최선을 다한다. '있는 그대로' 존중받기 위해서는 상담실에서도 '평등한 경험'을 하는 게 중요하다. 그래서 나는 '내담자는 자기 삶의 전문가'라는 마음으로 만난다. 내담자와 '사람 대 사람'으로 보다 진솔하게 만나기 위해 종종 암 투병 사실을 공개하기도 한다. 그렇다고 해서 상담자로서의 전문성이 손상되거나, 내담자들이 나를 덜 신뢰한다는 느낌을 받은 적은 한 번도 없다. 나를 '있는 그대로' 대해주는 내담자들을 통해 오히려 '암 환자지만 나는 나이구나' 하는 힘을 얻었다.

일상에서도 가족과 이웃, 그리고 나의 반려견을 보다 존중하기 위해 노력한다. 가까운 관계일수록 나와 다른 작은 언행들에 감정이 먼저 반응하는 걸 완전히 피해 가기는 힘들었다. 이는 친밀할수록 서로의 감정이 투사되기 때문인데, 그럴 때마다 나는 내가 아닌 상대방의 관점으로 그를 보기 위해 애썼다. 이해가 되지 않을 때는 '이해하지 않아도 존중은 할 수 있음'을 기억하려 했다. 그러자 아픈 후 전보다 더 의존하게 되면서 여러 가지 감정이 투사되던 관계들이 좀 더 편안해졌다.

"지금 당신에게 가장 중요한 것을 찾으세요!"

앞날이 창창했던 신경외과 의사 폴 칼라니티가 폐암 선고를 받고 죽음을 받아들이는 과정을 기록한 에세이 《숨결이 바람 될 때》의 한 구절이다. 폴의 주치의는 삶이 얼마 남지 않은 저자에게 이렇게 강조했고, 폴은 자신에게 중요한 것들을 찾아 실천하며 삶을 마무리한다.

나 역시 아프면서 본능적으로 '내게 가장 중요한 것'을 찾으려 했던 것 같다. 그런데 이는 아픈 이들뿐 아니라 모두에게 꼭 필요한 일인 것 같다. 그 누구도 언제 아프게 될지, 언제 죽음이 닥칠지 알 수 없다. 그러니 내게 중요한 가치들을 지금 당장 실천하며 살아가야 하지 않을까. 그래야 언제일지 모르는 삶의 마지막 순간이 오더라도, '나'라는 존재로 살았음에 감사하며 편안하게 마무리할 수 있을 것이다.

  나는 '암'을 경험하면서 삶의 가치를 다시금 점검하고 더 적극적으로 실천할 수 있게 됐다. '암 덕분에'라는 말을 쓰고 싶진 않지만 이러한 측면에서는 어느 정도 그랬음을 인정할 수밖에 없을 것 같다.

나를 좀 더
겪어보기로 했다

'외상 후 성장'이라는 말이 있다. 내가 상담심리학으로 석사 학위를 받을 때 심취해 있던 개념으로 외상, 그러니까 트라우마에 해당할 만큼 큰 어려움을 겪은 후 심리적으로 성장하게 되는 현상을 일컫는 말이다. 나는 이 개념을 참 좋아했고, 실제로 내담자들을 통해 어려움 속에서도 강해지는 모습을 많이 보아왔다. 나 역시 크고 작은 어려움을 경험하면서 마음이 자라왔던 것도 사실이다.

하지만, 막상 '암'이라는 트라우마가 닥치자 '암 경험을 통해 내가 성장할 수도 있으니 잘 겪어내자'라는 생각은 전혀 들지 않았다. 오히려 '긍정적으로 이겨내라'는 말에 부아가 치밀었고, 유튜브나 인스타그램에서 '암 덕분에 ~했다'는 고백들을 들으면 자기 합리화나 위선 아닐까 의심하기도 했다.

그런데 암 진단을 받고 1년이 지난 지금 돌아보니, 분명 달라진 것이 있었고, 그 방향은 심리학적으로 좀 더 건강해지는 쪽이었다. 바로, 심리학에서 이야기하는 자기 인식의 3가지 차원(개념화된 자기, 지속적인 지각 과정으로서의 자기, 관찰하는 자기)을 통합시키게 된 것이다.

'되고 싶은 나'라는 감옥

'수용전념치료'를 주창한 심리학자 스티븐 C. 헤이즈와 스펜서 스미스는 사람들의 자기 인식을 3가지 차원으로 설명한다. 첫 번째는 '개념화된 자기'다. 이는 스스로를 '나는 ~이다', '나는 ~하다'라고 규정지으며 '나는 ~예요'라고 소개하는 바로 그 자기다. 예를 들면, 이런 것들이다. '나는 완벽하다', '나는 상처받은 사람이다', '나는 상담자다'.

이는 살아오면서 스스로를 납득시키기 위해 만들어낸 이야기, 혹은 내가 바라는 모습을 담고 있는 표현들이다. 사람들이 '나는 누구인가?'라는 질문에 가장 먼저 떠올리는 것이 바로 이 '개념화된 자기'다.

나 역시 암에 걸리기 전의 '자기'는 대부분 이 '개념화된 자기'로 구성되어 있었다. '나는 상담자다', '나는 엄마다'라는 역할로 나를 규정했고, '좋은 사람'이 되고 싶은 바람으로 나를 가두었다. 그래서 상담자로서, 엄마로서 역할을 제대로 해내지 못했을 때는 그런 나를 미워했고, '좋은 사람'이라는 개념에 맞춰 사느라 타인과 조금이라도 삐걱거린 날에는 말실수라도 했을까 봐 밤잠을 못 이루곤 했다.

'개념화된 자기'는 자기 자신에 대한 소망을 담고 있기 때문에 보다 나은 사람이 되고자 노력하는 원동력이 되어 준다. 하지만, '개념화된 자기'만 너무 강할 경우, 내가 나에 대해 가지고 있는 소망과 개념에 스스로를 끼워 맞추기 위해 자신의 다양한 모습을 부정하게 된다. 이렇게 되면 새로운 경험으로 변해가는 자기 자신을 외면하게 되고, 갑갑하다는 느낌을 받기도 한다.

이 '개념화된 자기'로 주로 살았을 때 나는 늘 목표를 지향하고 좋은 상담자, 좋은 엄마, 그리고 좋은 작가가 되기 위해 애써왔다. 무언가 '되어야 한다'고 생각했고, '되지 못할까 봐' 두려워했다. 이런 마음은 성실하게 살아가게 했지만, 한편으론 나를 달달 볶고, 지금의 나보다 미래의 나에 더 초점을 두게 했다.

'경험하는 나'의 발견

하지만, 암에 걸리고 나자 무엇이 '되는 것'이 부질없다는 생각이 들었다. 암이 아무런 예고 없이 갑작스레 찾아왔듯, 무엇이 '되려고' 애써봤자, 그것이 되지 못한 채 죽음이 찾아올 수도 있는 거였다.

문득, '내가 지금 하고 있는 것들을 이루지 못하고, 내가 원하는 내가 되지 못한 채 죽음을 맞이하면 어떡하지?'라는 질문이 일었고, 마음이 내려앉는 듯했다. 그러면서 '되기'가 아니라 '하기'에 더 초점을 맞춰야겠다는 생각이 들었다. 헤이즈와 스미스가 말한 두 번째 자기인 '지속적인 지각 과정으로의 자기', 그러니까 일명 '경험하는 자기'가 중요해진 순간이었다.

'경험하는 자기'는 현재 이 순간에 느끼고 있는 것들을 자각하고 경험하는 실체로서의 '나'를 인식하는 자기다. 이 자기는 지금 여기서 어떤 것을 경험하고 느끼는 나의 상태 자체를 '나'라고 인식한다. 흔히 다음과 같이 표현된다. '나는 지금 이것을 느끼고 있다', '나는 지금 저것을 생각하고 있다'라고.

이런 방식은 지금-여기에서 존재하고 행위하는 나를 '있는 그대로' 바라보고 매 순간순간에 집중하게 해준다. 언제 어떻게든 '죽음'을 맞이할 수 있는 인간의 나약한 운명 안에서 지금 나의 경험들에 충실한 것만큼 '나'로 살게 하는 게 또 있을까? 암을 경험하면서 나는 이 '경험하는 자기'를 활성화할 수 있었다.

이제 나는 전보다 내 몸의 느낌과 상태에 대해 좀 더 민감하게 알아차린다. 내가 바라는 나의 모습에 맞지 않는 부정적인 감정들이 나를 휘감을 때도, 이를 부인하려 하지 않는다. 나는 '좋은 사람'이고 싶어서 욕을 입 밖으로 내뱉지 못하며 살아왔는데 요샌 가끔 혼자 있을 땐 욕을 소리 내어 말해보기도 한다. 그렇게 가슴이 시원할 수가 없다. 틀에 맞춘 내가 되기 위해 애쓰지 않고 새로운 나의 모습을 알아가는 것이 즐겁기도 하다.

원고를 쓰고, 상담을 하는 순간순간에도 '다음에 할 일'은 생각하지 않고, 지금-여기에 좀 더 집중할 수 있게 됐다. 라온이와 산책하는 매 순간순간도 더 소중히 누린다. 그러자 매일 가는 산책길을 늘 새로워하는 반려견처럼 단조로운 하루의 일과가 새롭게 느껴진다. 비 온 뒤 달라지는 흙의 색, 봄에서 여름 사이면 매일매일 짙어지는 초록빛의 변화도 이제는 알아차릴 수 있다. '무엇이 되기 위해' 열심히 살았던 날들보다, 게으른 듯 지내지만 지금-여기 '하는 것'에 집중하면서 일상이 조금 더 꽉 채워진 느낌이 든다.

나를 '관찰하는'
또 다른 나

그리고 일기를 좀 더 자주 쓰게 됐다. 지금 '하고 있는' 것들의 기록이 모여 결국엔 '내가 살았다는 흔적'으로 간직될 것 같아서다.

일기를 자주 쓰고, 나 자신을 성찰하는 시간이 많아지자 자연스레 '관찰하는 자기'가 고개를 들었다. 헤이즈와 스미스가 말했던 세 번째 자기다. '관찰하는 자기'는 자신의 느낌과 생각, 경험을 한발 떨어져서 바라보는 메타 인지와 같은 자기다.

조금 어렵게 느껴지는 개념이기도 한데, 일기 쓰는 장면을 떠올리면 쉽게 파악할 수 있다. 일기를 쓸 때는 일기 속의 내가 있다. 일기 속의 나는 바람이나 소망, 역할을 품은 '개념화한 자기'일 수도 있고, 무언가를 경험하고 느끼고 있는 '경험하는 자기'일 수도 있다. 그런데 이 일기를 쓰고 있는 '내'가 있다. 일기 속 개념화된 자기와 경험하는 자기를 관찰하고 바라보는 나이다. 이게 바로 '관찰하는 자기'다.

'관찰하는 자기'는 여러 모습을 보이는 나를 관통하는 핵심적인 자기라고 할 수 있다. 우리는 이 '관찰하는 자기' 덕분에 매번 다른 경험 속에서도 내가 나라는 감각을 유지할 수 있다.

나는 이 '관찰하는 자기'를 강렬하게 경험한 적이 있었다. 동해로 여행을 갔을 때였다. 데크로 만들어진 해안 산책로를 걸었는데 바람이 매우 거세게 불었다. 그런데 눈앞의 풍경은 고요하기 그지없었다. 머리카락이 바람에 마구 날렸지만 바다는 그 가운데에서도 오후의 햇살을 받아 반짝반짝 빛났다. 나는 바다를 내려다보며 이 세찬 바람을 맞으면서도 고요할 수 있는 그 모습에 감동을 받았다.

그리고 뭔가 삶도 그렇다는 생각이 들면서 바람이 불거나 반짝이던 순간들이 하나하나 스쳐 지나갔다. 나를 바라보는 '관찰하는 자기'가 활성화된 것이었다. 관찰하는 자기를 통해 나를 바라보니 내 삶도 늘 그랬다. 세찬 바람이 불던 힘든 시기에도 고요하게 빛났던 찰나들이 있었고, 반짝거리는 시간에도 마음 볶이는 일들이 벌어지곤 했다. 지금도 마찬가지다. 유방암 치료를 하고 암을 관리하고 살아야 하는 긴 여정을 시작했지만, 여전히 일상에는 반짝이는 순간들이 있다.

내 안의 모순된 부분들도 함께 떠올랐다. 개념화된 자기로 주로 역할에 충실하고 성취를 위한 삶을 살았던 아프기 전의 내 모습과 지금-여기에 충실해진 지금의 나 모두가 '나'였다. 강하고, 성취해내고, 독립적이었던 나와 지금의 취약하고 나약한 내 모습이 겹쳐 보였다. 서로 반대되는 것들이 내 안에 함께 있었다.

지금도 나는 이때의 기분을 자주 떠올려보곤 한다. 취약함을 인정하는 것이 곧 약하게 스러져가는 것만이 아니라는 걸, 삶엔 모순돼 보이는 것들이 늘 함께 있고, 내게도 그런 면들이 늘 공존한다는 걸 그때 그 바다를 떠올리면 '있는 그대로' 받아들일 수 있다.

이렇게 암을 경험하면서 나는 나의 3가지 자기를 점검해볼 수 있었고, '개념화된 자기'로만 살던 것에서 벗어나 '경험하는 자기'를 중요시하게 됐다. 특히, '관찰하는 자기'가 활성화되면서 삶의 모순된 부분들을 성찰하고 수용할 수 있게 됐다. 3가지 자기를 자유롭게 오갈 수 있게 된 지금의 나는 그 어느 때보다 나와 내 주변에서 벌어지는 일에 마음을 열어둘 수 있게 됐다.

삶에는 어떤 일이라도 일어날 수 있다. 나 자신도 모순된 모습들을 함께 지니고 있다. 또한, 삶의 많은 부분은 '그러나'가 아니라 '그리고'로 연결될 때 더 진실에 가까워짐을 이젠 안다. 이를 받아들이자, 삶이 전보다 평온해졌다. 어쩌면, 이것이 암 경험을 통해 내가 이루어낸 '외상 후 성장'인지도 모르겠다.

  나는 아프고, 강하다.

  삶은 거세고, 고요하다.

질병과 가장 가까운 사이가 되었을 때

초판 1쇄 발행 2025년 11월 10일

지은이 | 송주연
펴낸이 | 김연우
펴낸곳 | (주)태학사
등록 | 제406-2020-000008호
주소 | 경기도 파주시 광인사길 217
전화 | 031-955-7580
전송 | 031-955-0910
전자우편 | thspub@daum.net
홈페이지 | www.thaehaksa.com

편집 | 조윤형 여미숙 김태훈
마케팅 | 김민선
경영지원 | 김영지

ⓒ 송주연 2025. Printed in Korea.

값 16,800원
ISBN 979-11-6810-392-4 03810

도서출판 날은 (주)태학사의 인문·에세이 브랜드입니다.

책임편집 고여림
디자인 이유나